# essentials

*essentials* liefern aktuelles Wissen in konzentrierter Form. Die Essenz dessen, worauf es als „State-of-the-Art" in der gegenwärtigen Fachdiskussion oder in der Praxis ankommt. *essentials* informieren schnell, unkompliziert und verständlich

- als Einführung in ein aktuelles Thema aus Ihrem Fachgebiet
- als Einstieg in ein für Sie noch unbekanntes Themenfeld
- als Einblick, um zum Thema mitreden zu können

Die Bücher in elektronischer und gedruckter Form bringen das Expertenwissen von Springer-Fachautoren kompakt zur Darstellung. Sie sind besonders für die Nutzung als eBook auf Tablet-PCs, eBook-Readern und Smartphones geeignet. *essentials:* Wissensbausteine aus den Wirtschafts-, Sozial- und Geisteswissenschaften, aus Technik und Naturwissenschaften sowie aus Medizin, Psychologie und Gesundheitsberufen. Von renommierten Autoren aller Springer-Verlagsmarken.

Weitere Bände in dieser Reihe http://www.springer.com/series/13088

Michail Logvinov

# Rechtsextreme Gewalt

## Erklärungsansätze – Befunde – Kritik

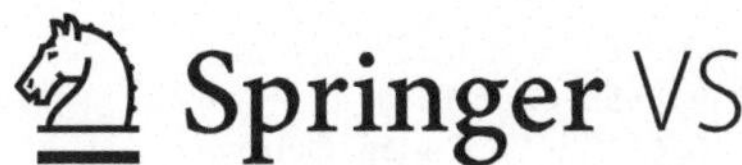

Dr. Dr. Michail Logvinov
Hannah-Arendt-Institut für Totalitarismusforschung
an der TU Dresden
Dresden, Deutschland

ISSN 2197-6708 ISSN 2197-6716 (electronic)
essentials
ISBN 978-3-658-17150-6 ISBN 978-3-658-17151-3 (eBook)
DOI 10.1007/978-3-658-17151-3

Die Deutsche Nationalbibliothek verzeichnet diese Publikation in der Deutschen Nationalbibliografie; detaillierte bibliografische Daten sind im Internet über http://dnb.d-nb.de abrufbar.

Springer VS


Gedruckt auf säurefreiem und chlorfrei gebleichtem Papier

Springer VS ist Teil von Springer Nature
Die eingetragene Gesellschaft ist Springer Fachmedien Wiesbaden GmbH
Die Anschrift der Gesellschaft ist: Abraham-Lincoln-Str. 46, 65189 Wiesbaden, Germany

# Was Sie in diesem *essential* finden können

- Kurzinformationen zur quantitativen Entwicklung rechtsextrem(istisch)er Gewalt in Deutschland.
- Definitionen der relevanten Gewaltbegriffe und Informationen zur Rolle des Kampfes als Denkfigur und Deutungsmuster im Rechtsextremismus.
- Übersicht der wissenschaftlichen Theorien rechtsextrem(istisch)er Gewalt und Kritik der in Deutschland verbreiteten Konzeptionen.
- Daten zur Spezifik rechter Gewalt und zu Tätertypen.

# Inhaltsverzeichnis

# 1 Einleitung

Nach der Einführung des neuen Erfassungssystems Politisch motivierte Kriminalität (PMK) im Jahr 2001 gilt die extremistische, auf die Überwindung des demokratischen Verfassungsstaates bzw. auf die Beeinflussung des demokratischen Willensbildungsprozesses gerichtete Intention des Täters nicht mehr als notwendige Bedingung einer politisch motivierten Straftat. Als PMK-Delikte gelten demnach auch (Gewalt-)Handlungen, die sich „gegen eine Person wegen ihrer politischen Einstellung, Nationalität, Volkszugehörigkeit, Rasse, Hautfarbe, Religion, Weltanschauung, Herkunft oder aufgrund ihres äußeren Erscheinungsbildes, ihrer Behinderung, ihrer sexuellen Orientierung oder ihres gesellschaftlichen Status richten" *(Hasskriminalität)*. Allerdings schließt die Hassgewalt per definitionem eine extremistische Motivation nicht aus. Denn der Hasstäter verletzt auf elementare Weise das in Art. 1 des Grundgesetzes verankerte oberste Prinzip der Menschenwürde, indem er seine Opfer deindividualisiert, dehumanisiert und/oder gezielt schädigt. Der Hasstäter richtet sich mit seiner Gewalttat gegen einen „objektiven Feind". „Daher wohnt jedem Hassverbrechen eine extremistische Tendenz inne, selbst dann, wenn der Täter mit seiner Tat den Staat als Institutionengefüge vor imaginären ‚Schädlingen' zu schützen beabsichtigt" (Backes 2013, S. 365).

Von der Hassgewalt wird meist die *Konfrontationsgewalt* unterschieden. Sie umfasst jenen Teil politisch motivierter Delikte, die objektiv oder subjektiv aus einem Interaktionszusammenhang heraus begangen werden. Sie stehen meist in unmittelbarem Zusammenhang mit Auseinandersetzungen zwischen verfeindeten Gruppen sowie den Sicherheitskräften. Allerdings sind die Grenzen zwischen Hassgewalt und Konfrontationsgewalt fließend, wenn man bedenkt, dass rechte Gewalttäter ihre „linken Kontrahenten" oft auch unabhängig von deren Agieren angreifen. Politisch motiviert ist diese Gewalt insofern, als sie zu politischen Zwecken bzw. mit einem politischen Hintergrund oder in einem als politisch


M. Logvinov, *Rechtsextreme Gewalt*, essentials,
DOI 10.1007/978-3-658-17151-3_1

definierbaren Kontext verübt wird, um die durch Norm und Gesetz geschützten Regeln des friedlichen Miteinanders zu verletzen.

Die rechts motivierte Gewalt in Deutschland stabilisierte sich nach einem sprunghaften Anstieg Anfang der 1990er Jahre mit über 2500 Gewalttaten zunächst auf einem verhältnismäßig hohen Niveau. Dabei wies die rechte Gewalt einen deutlichen personenbezogenen Deliktscharakter und einen hohen Anteil an körperlichen Übergriffen (durchschnittlich 80 % Körperverletzungen) auf. Auf der Bundesebene entfielen knapp 30 % auf die Konfrontationsgewalt gegen (vermeintliche) Linksextremisten. Im Bereich der Konfrontationsgewalt „Rechts gegen Links" lassen sich dabei deutliche Unterschiede vom Gros rechter Gewalttaten feststellen. Zum einen ist hier der Gruppentäter-Anteil besonders hoch. Zum anderen gehen Rechts-Links-Auseinandersetzungen häufig Vorbereitungshandlungen voraus (ebd.).

Vor dem Hintergrund der Flüchtlingskrise stieg die rechte Gewalt 2015 erneut deutlich an (s. Abb. 1.1). Das Gros der Gewalttaten stuften die Verfassungsschutzämter zugleich als rechtextremistisch, d. h. gegen die freiheitlich-demokratische Grundordnung gerichtet, ein.

Nach wie vor machen Körperverletzungen einen überwiegenden Teil der (rechten und) rechtsextremistischen Gewalt aus. Markant ist der Anstieg der Brandstiftungen im Zusammenhang mit den sich häufenden Angriffen auf Migrantenunterkünfte. Zugleich stieg die Anzahl der herbeigeführten Sprengstoffexplosionen auf ein bis dahin nicht gekanntes Niveau. Damit korrelierend stieg die Zahl der versuchten Tötungen an (s. Tab. 1.1).

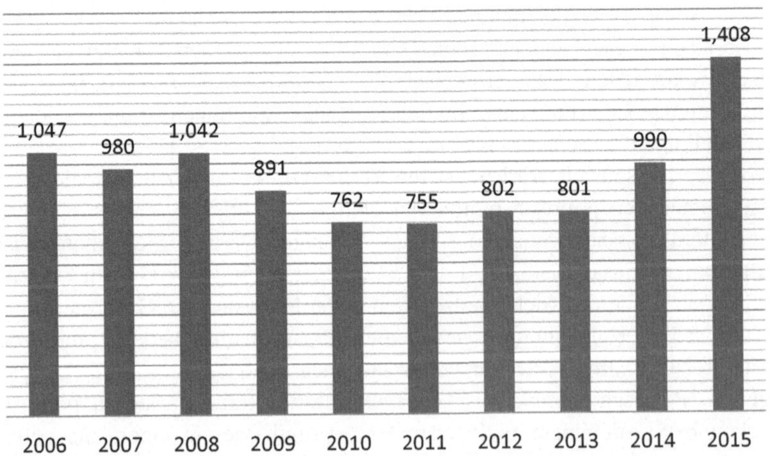


**Abb. 1.1** Anzahl der Gewalttaten mit rechtsextremistischem Hintergrund. (Quelle: Statista)

**Tab. 1.1** Rechtsextremistische Gewalttaten nach Art des Delikts. (Quelle: Statista)

| Deliktart | 2009 | 2010 | 2011 | 2012 | 2013 | 2014 | 2015 |
|---|---|---|---|---|---|---|---|
| Versuchte Tötungsdelikte | 5 | 6 | 5 | 6 | 4 | 1 | 8 |
| Körperverletzungen | 738 | 638 | 640 | 690 | 704 | 871 | 1,116 |
| Brandstiftungen | 18 | 29 | 20 | 21 | 11 | 21 | 99 |
| Sprengstoffexplosion | 0 | 2 | 0 | 1 | 2 | 6 | 18 |
| Landfriedensbruch | 44 | 25 | 27 | 10 | 10 | 23 | 42 |
| Widerstandsdelikte | 57 | 48 | 39 | 51 | 57 | 45 | 84 |
| Insgesamt | 891 | 762 | 755 | 802 | 801 | 990 | 1,408 |

In diesem Zusammenhang stellt sich die Frage nach möglichen und plausiblen Ursachen der nicht mehr zu leugnenden Radikalisierungsprozesse in rechtsextremen Milieus sowie Anstiege rechts motivierter Gewaltkriminalität. Welche Erklärungen hat die (Rechts-)Extremismusforschung anzubieten und wie belastbar sind ihre Aussagen? Diesen Fragen widmet sich die vorliegende Abhandlung.

# 2 Zur Rolle der Gewalt im Rechtsextremismus

Hennig (1983) wies vor geraumer Zeit auf die Bedeutung des Kampfes als Denkfigur und Deutungsmuster im Rechtsextremismus hin. Gewalt sei demnach als grundsätzliches Ordnungsprinzip und „Philosophie" zu verstehen, die der Notwendigkeit, Gewalt auszuüben und anzuerkennen, ein Primat über alle Strategie- und Taktikdiskussionen zusichere. „[…] sie ist Dreh- und Angelpunkt, um den herum sowohl abstrakt (sozialdarwinistisch und rassistisch) als auch konkret (hinsichtlich Politikform, Strategie, Taktik und Feindbild) gedacht wird. Ihr kommt die Funktion einer […] ‚Message' zu" (ebd., S. 91). Aus der abstrakten Ansprache von Gewalt ergebe sich die Interpretationskraft des Rechtsextremismus: „Seine prinzipiell nicht-elaborierten Sprachcodes und seine Gewaltformeln sprechen die Erfahrung und Wunschbilder solcher Schichten und Individuen an, die von ihrer sozialen Realität her wissen, wie gewaltförmig und -bestimmt Gesellschaft ist, wie ungleich und geprägt von Benachteiligungen sich der politisch-sozioökonomische Prozessablauf präsentiert" (ebd., S. 93).

Hier liegt das Spezifikum der rechten Gewaltfantasien. In den kollektiven Sinninterpretationen rechtsextremer Gruppen spielt sie auf der Ebene der politischen Konzepte sowie regulierend als Lieferant politischer Orientierungen und als Problemlösungsmittel eine unübersehbare Rolle. So hieß es im Pamphlet von Michael Kühnen „Die zweite Revolution. Glaube und Kampf" (1979):

> Der Kampf ist unser Lebensinhalt. Es ist gesund und natürlich, Freude am Kampf und an der männlichen Bewährung zu finden. Nur wenn wir im Kampf stehen, uns selbst bestätigen, dem Feind entgegentreten – dann finden wir unser Glück und dienen wirklich der Bewegung. Reden halten viele, bei uns musst du kämpfen, dich einsetzen, Verfolgungen und Opfer auf dich nehmen. […] Nichts ist wirklich, solange es sich nicht im Kampf bewährt hat, dort geadelt und bestätigt wurde. Der Kampf, das Ringen der Gewalten – das ist die Auslese der Besten, der Würdigen (zit. nach: Rabert 1995, S. 309).


M. Logvinov, *Rechtsextreme Gewalt,* essentials,
DOI 10.1007/978-3-658-17151-3_2

In einer vom Verfasser eingesehenen Gefangenen-Personalakte eines ideologisierten Intensivtäter findet sich ein aufwendig hergestellter, sehr aussagekräftiger Brief von einem „Kameraden" mit zahlreichen nationalsozialistischen Symbolen, Textauszügen und Überlegungen zu diesem Thema:

> ‚Wer leben will, der kämpfe also, und wer nicht streiten will in dieser Welt des ewigen Ringens, verdient das Leben nicht!' (18). Die Gesetze der Natur sind unumstößlich, wer sich gegen sie auflehnt, wird mit Krankheit und Tod bestraft. Das gilt auch für die Völker. [...] ‚Toleranz' und ‚Integration' sind die Schlagwörter zum schleichenden Volkstod. Also, Kamerad, Deutschland braucht uns – es wird Zeit, dass du wieder in Freiheit kommst!

Rechte Gewalt fungiert dergestalt als Mittel praktischer wie auch „theoretischer" Auseinandersetzung im als ideologisch definierbaren Raum. So hieß es in einer Geschädigtenbefragung prägnant: „Sie erklärten mir, dass man zu seiner Meinung stehen soll. Ich hätte mich demzufolge wehren müssen, um meine Meinung zu vertreten."

Das Selbstbild rechter Täter als männlich-entschlossene, kompromisslose „Kämpfer" ähnelt in gewisser Hinsicht der Selbstwahrnehmung jener faschistischen und nationalsozialistischen Kampfbünde, für die Gewalt einen eigenen Lebensstil und Art des Denkens repräsentierte: „Gewalt war nicht nur eine Manifestation des Mutes gegenüber anderen, den ‚Kompromisslern', den ‚Diskutanten'. Gewalt war eine Methode, sich sofort durchzusetzen, körperlich und ignorant gegenüber den nun negativ besetzten Werten der Sentimentalität, Humanität und Toleranz" (Reichardt 2002, S. 662 f.). In den rechten Subkulturen scheint der Faustschlag nach bekanntem Diktum von Michele Bianchi zur Theorie geworden zu sein. Für den SA-Mann stellte die Kompromisslosigkeit und „Lust am Kampf" ebenfalls ein stilisiertes Ideal dar. Denn jeder echte Mann sei seinem Wesen nach ein Soldat. Das wahre Hochgefühl seines Lebens, das Bewusstsein seines Manneswertes erwachse ihm erst dann, wenn er seine Kräfte am Widerstand messen und ihn überwinden könne. So beschrieb es SA-Gruppenführer Ernst Röhms. Dass „die Faust [als] die Synthese der Theorie" erschien, zeigte sich ebenfalls in den bevorzugten Waffen solcher Kampfbünde: Nahkampfwaffen wie Messer oder Knüppel verlängerten den Kampf und ließen ihn zu einem direkt wie intensiv erlebten körperlichen Ereignis werden. „Erst durch solche in der Propaganda überhöhten Gewaltmittel konnte das Zufügen von Körperverletzungen zu einem intensiven Gefühl werden" (ebd., S. 664 f.). Vor diesem Hintergrund scheint die einfache Bewaffnung rechter Täter gewaltsoziologisch einen tieferen Sinn zu ergeben.

# 3 Rechtsextremismus und Gewalt: Erklärungsansätze im Überblick

Über kaum ein anderes Thema ist seit Anfang der 1990er Jahre so viel recherchiert, geforscht, publiziert und diskutiert worden wie über rechts motivierte Gewalt. Die Bielefelder Rechtsextremismus-Studie (Heitmeyer et al. 1992), die Trierer Forschungsgruppe um Helmut Willems und Roland Eckert aus den 1980/90er Jahren (Willems et al. 1993) sowie das Thüringer Rechtsextremismusforschungsprogramm, dessen Ergebnisse Anfang 2000 präsentiert wurden (Frindte und Neumann 2002), nahmen – um nur einige der bedeutendsten Studien zu nennen – wichtige methodische Weichenstellungen vor und erarbeiteten innovative Forschungsansätze. Bereits in den 1980/90er Jahren kristallisierten sich drei Forschungstraditionen heraus, die sich unterschiedlicher methodischer Zugänge bedienten und sich auf verschiedenen Analyseebenen bewegten: Ätiologie der Gewalt, Gewaltphänomenologie und Analysen zum Terrorismus sowie Bewegungsforschung. Es lassen sich in diesen Forschungssträngen einige Konzeptionen hervorheben, die die plurale Rechtsextremismusforschung – mit verschiedenen Definitionen des Untersuchungsgegenstandes – mehr oder weniger präg(t)en:

a) Soziologische und sozialpsychologische Ansätze, welche vordergründig auf die voranschreitenden Individualisierungsprozesse und gesellschaftlichen Desintegrations- sowie Verunsicherungserscheinungen abheben und den Rechtsextremismus mit der Auflösung traditioneller Strukturen und Überidentifikation mit den übergeordneten Kategorien der Nation, Kultur oder Rasse erklären. Hier wird die Argumentation von Parsons und Durkheim hinsichtlich der industriellen Ausdifferenzierung gesellschaftlicher (Sub-)Systeme angewandt bzw. weiterentwickelt, um einen daraus resultierenden anomischen Zustand als Ursache des Rechtsextremismus auszumachen.


M. Logvinov, *Rechtsextreme Gewalt*, essentials,
DOI 10.1007/978-3-658-17151-3_3

b) (Individual-)Psychologische Hypothesen als Fortschreibung der Theorie zur „autoritären Persönlichkeit" von Adorno. Seine Forschungsgruppe vermutete das Vorhandensein eines umfassenden und kohärenten, durch eine Mentalität bzw. Geist zusammengehaltenen Denkmusters als Ausdruck der Charakterstruktur. Als Ursachen für die Entstehung rechtsextremer Orientierungen gelten hier die in der frühkindlichen und familiären Sozialisation erworbenen Charaktereigenschaften, welche sich vor allem durch Festhalten an Hergebrachtem (Konventionalismus), Autoritätshörigkeit bzw. -unterwürfigkeit und autoritäre Aggression auszeichnen (vgl. RWA-Skala von Altemeyer 1981). Der Radfahrervergleich bringt die Merkmale eines autoritären Charakters plastisch zum Ausdruck: Er buckele nach oben, trete nach unten und bewege sich in eingefahrenen Gleisen. Weitere Eigenschaften seien Stereotypie, „Kraftmeierei", Anti-Intrazeption, Aberglaube, Machtdenken, Destruktivität, Zynismus u. a. (Adorno 1973, S. 1, 46 ff.).
c) Ökonomische Ansätze erklären das Aufkommen des (gewalttätigen) Rechtsextremismus mit wirtschaftlichen Deprivationserscheinungen (Hofstadter, Lipset) bzw. mit dem Empfinden relativer (kollektiver) Benachteiligung. Demnach neigen Personen, die ihren gesellschaftlichen Status als gefährdet sehen, zur Unterstützung rechter Organisationen und rechtsextremen Orientierungen.
d) Politische Theorien rücken die Unzufriedenheit mit dem politischen System in den Vordergrund. Sie heben Defizite der politischen Kultur und rechtsextremistische Einstellungen in der Mitte der Gesellschaft, die durch Medien und Äußerungen politischer Repräsentanten bzw. bestimmter Gruppenakteure befördert werden, als Gewaltursache hervor (Ohlemacher 1999). „In der Sichtweise gelten rechtsextremistisch motivierte Gewalttäter als ausführende Akteure von ansonsten nur verbal geäußerter Auffassung, womit die Ursachen in der politischen Ausrichtung der Gesamtgesellschaft gesehen werden" (Pfahl-Traughber 2004, S. 39). So schaffen gesellschaftliche Gruppen Diskurse, in denen rechtsextremistische Argumente entfaltet und Orientierungen legitimiert werden könnten (Pfahl-Traughber 1999, S. 104). Die Rolle der medialen Berichterstattung und der politischen Diskurse vor dem Hintergrund unvorbereiteter Ereignisse wie plötzlich steigende Einwanderungszahlen ist in der Tat nicht von der Hand zu weisen.[1] In der zweiten Phase der ausländerfeindlichen Gewaltwelle der 1990er Jahre, als sich die Gewalt von Einzelnen gegen die in Deutschland seit langem lebenden Ausländer richtete, konnten

[1]Vgl. zur Abfolge von Eskalationsstufen Ende der 1980er/Anfang der 1990er Jahre: Eckert (2012, S. 148–150).

jedoch keine Nachahmungseffekte festgestellt werden (Frindte et al. 2016, S. 40). Zugleich trägt der Ansatz einer in der sozialwissenschaftlichen Radikalisierungsforschung eher marginal vertretenen Auffassung Rechnung, der zufolge die radikalen Milieus mit ihrem sozialen Umfeld interagieren. „[...] so zutreffend und aufhellend die zahlreichen sozialwissenschaftlichen Befunde über das ‚besondere Jugendproblem' sein mögen, so begrenzt bleibt eine wissenschaftliche und/oder politische Sicht, wenn rechtsextreme Orientierungen und Gewalttaten nur als Probleme von Jugendlichen oder jungen Erwachsenen mit niedrigem Bildungsstatus interpretiert werden" (Frindte 1998, S. 186). Auch Oepke stellte fest, dass mit Ausnahme der Gewaltakzeptanz keine Unterschiede in der Qualität der rechtsextremen Einstellungen in radikalen Milieus und in der Mitte der Gesellschaft zu bestehen scheinen.[2] Zu bedenken ist allerdings, dass die Gewalt akzeptierenden Orientierungen „die Qualität rechtsextremer Einstellungen" beeinflussen.

Eatwell (2003) systematisierte die Hypothesen der internationalen Rechtsextremismusforschung entlang zweier Dimensionen – Nachfrage (demand-side) und Angebot (supply-side). Während die Nachfragetheorien sozioökonomische Entwicklungen wie Einflüsse der Zuwanderung, Arbeitslosigkeit und schnelle soziale Veränderungen in den Vordergrund rücken, gehen die Angebotstheorien auf politische Botschaften und deren Urheber ein. Auf beiden Ebenen unterscheidet er jeweils fünf Thesen bzw. Konzeptionen:

A) Nachfrage-Konzeptionen:

1. Die Single-Issue-These betont die Attraktivität migrationskritischer Fragen und/oder der zusammenhängenden Themen wie „law and order", Arbeitslosigkeit und Wohlfahrt. Allgemein gehen die Anhänger dieser Hypothese davon aus, dass die extreme Rechte von der immigrationsbedingten Verunsicherung der Bevölkerung profitieren kann.
2. Laut der Protest-These ist die „Anti-" bzw. „Protest-Politik" der Schlüssel zur Erklärung des Erfolgs rechter Parteien, welche dieser Hypothese zufolge Protestwähler zu binden suchen und politische Diskurse über „Antithesen" strukturieren. Politikverdrossenheit und populistische Attacken auf das Establishment spielen dabei eine größere Rolle als elaborierte politische Programme.

[2] „Insofern entbehrt die Annahme einiger gewalttätiger Jugendliche, sich bei der Ausübung von Gewalttaten gegen Fremde lediglich als Vertreter bestimmter Meinungsgruppen in der Gesamtbevölkerung zu fühlen [...] nicht jeglicher Grundlage" (Oepke 2005, S. 434).

3. Als Prämisse der Anomie-Konzeption gilt der Verlust des sozialen Zugehörigkeitsgefühls, der die Attraktivität des „ethnischen Nationalismus“ steigert.
4. Die (verkehrte) Postmaterialismus-These besagt, die postmaterialistische Agenda bleibt für die schlechter gebildeten, unteren Schichten mit ihren stark ausgeprägten materiellen Bedürfnissen irrelevant. Im Gegensatz zu den postmaterialistischen Werten neigen diese Bevölkerungssegmente vor dem Hintergrund voranschreitender Globalisierungsprozesse zum Traditionellen/Konservativen. Xenophobie und Nationalismus sind demnach als Reaktion auf den postmaterialistischen Internationalismus zu verstehen. In den Begriffen von Merton lassen sich Xenophobie und Gewalt gegen Fremde als parochiale Abwehrreaktion gegenüber „kosmopolitischen Zumutungen“ erklären (Eckert 2012, S. 150).
5. Die Wirtschaftsinteressen-Hypothese interpretiert die Identifikation mit rechtsextrem(istisch)en Deutegemeinschaften als Folge der relativen Deprivation. Diese Konzeption entwickelt ihre Erklärungskraft im Kontext eines Vergleichs, wenn Einheimische unterstellen bzw. befürchten respektive empfinden, dass Flüchtlinge besser behandelt werden als sie.

B) Angebots-Konzeptionen:

1. Die Theorie der politischen Gelegenheiten betont zweierlei: Einerseits können rechtsextreme Akteure an Legitimität gewinnen, wenn Programme oder Aktionen der Mainstream-Parteien durch ihre Deutungsmuster „kontaminiert“ sind. Sie können überdies reüssieren, wenn es den demokratischen Parteien nicht gelingt, polarisierende Themen aufzugreifen und Protestpotenziale zu entschärfen.
2. Mediale Einflüsse auf die Unterstützungsbereitschaft für bestimmte Akteure bspw. in Form von personenzentrierter Berichterstattung, die für populistische Parteien und Bewegungen nicht ungelegen kommen, sind Gegenstand der Mediatisierungskonzeptionen.
3. Die Traditionalismus-These geht davon aus, dass die Erfolgsaussichten nationalistischer Akteure steigen, wenn es ihnen gelingt, sich als legitimen Teil der nationalen Tradition zu positionieren.
4. Im Gegensatz zur Protest-These hebt der programmatische Ansatz die ideologische Ausrichtung der rechtsextremen Parteien und ihre Problemdefinitionen hervor. Konservative (Anti-)Migrationspolitik und liberale Markwirtschaftsprogramme ergeben demnach eine Erfolgsformel.
5. Die Rolle eines charismatischen Anführers wird in den entsprechenden personenbezogenen Theorien reflektiert.

Es bedarf anscheinend eines Theorienbündels, um die Erfolgsbedingungen rechtsextremer Akteure zu erklären. Eatwell schlägt daher ein dreidimensionales Modell vor, welches auf das individuelle Verhalten (Mikro-Ebene) eines in verschiedene lokale Gruppen (Meso-Ebene) sowie nationale und internationale (Makro-)Kontexte eingebetteten Individuums abhebt.

Obwohl in der deutschen Sozial- und Politikwissenschaft die vergleichsweise breite Palette an theoretischen Ansätzen Beachtung und Anwendung fand, waren es vor allem zwei Konzeptionen, die die Rechtsextremismusforschung in den 1990er und 2000er Jahren dominierten: Der Desintegrationsansatz und anschließend das Konzept der Gruppenbezogenen Menschenfeindlichkeit (GMF) von Wilhelm Heitmeyer und Kollegen (Frindte 2016, S. 35, 54). Die Desintegrationstheorie interpretiert rechtsextreme Orientierungen als Folge von Individualisierung – jener Veränderungsprozesse, die als Postmoderne oder die zweite Moderne beschrieben werden (vgl. das Individualisierungstheorem und das Konzept der Risikogesellschaft von Ulrich Beck). Die Auflösung der Sozialmilieus, Familien, Nachbarschaften und stabilen Arbeitsverhältnisse sei demnach im Sinne einer „Anomie" als Ursache des Misslingens persönlicher Lebensentwürfe zu sehen, das zu rechtsextremen Orientierungen führe. Im Gegensatz zu Durkheim erscheint die (rechte) Kriminalität den Anhängern dieses Paradigmas nicht als normaler oder sozial-integrativer Bestandteil der Gesellschaft. Eher deute ihr Aufkommen auf eine „Pathologie" der Mitte der Gesellschaft hin. Das GMF-Konzept fügt Ideologien von Ungleichwertigkeit in Gruppenkontexte ein und betont, dass nicht nur Personen fremder Herkunft, sondern auch Menschen gleicher Herkunft Feindseligkeiten erleben (Heitmeyer 2003). Das GMF-Syndrom umfasst mehrere Dimensionen: Rassismus, Fremdenfeindlichkeit, Antisemitismus, Heterophobie, Etabliertenvorrechte, Sexismus u. a.

# Inhaltliche Dimension des Rechtsextremismus

4

Mindestens drei sozialpsychologische Forschungstraditionen können zur Erklärung der Vorurteilslastigkeit des Rechtsextremismus herangezogen werden. Die *Ethnozentrismusforschung* (Allport, Campbell, Sumner) stellte mit Blick auf die Rolle von Vorurteilen und Stereotypen fest, dass Einheimische andere Einheimische anders sehen und anders behandeln als Fremde. „Im Sinne des Ethnozentrismus wird die eigene Gruppe oder Ethnie der anderen Gruppe oder Ethnie übergeordnet und der Einheimische dem Fremden gegenüber als überlegen und höherwertig wahrgenommen [...]. Diese Relation schlägt auf allen Ebenen des Umgangs durch" (Bornewasser 1994, S. 94). Die *gruppendynamischen Forschungsansätze* (Lewin, Sherif) rückten soziale Interaktionen in den Vordergrund und betonten, dass Feindseligkeiten zwischen verschiedenen Gruppen dann entstehen, wenn die Angehörigen einer Gruppe ihre Ziele durch das Handeln der fremden Gruppe bedroht sehen.

Die *Theorie der sozialen Identität* (Tajfel, Turner) besagt, dass Feindseligkeiten und Gewalt dann wahrscheinlicher werden, „wenn das individuelle Bedürfnis nach positiver sozialer Identität nicht mehr oder nur mühsam durch einen sozialen Vergleich gesichert werden kann, in dessen Ergebnis die eigene Bezugsgruppe oder Gemeinschaft im Vergleich mit relevanten Fremdgruppen als überlegen wahrgenommen wird" (Frindte 1998, S. 177). Laut der *Sündenbocktheorie* fungieren Vorurteile als ein Ventil für Aggressionen, indem sie Schuldige für die missliche Lage ausmachen und den Ärger kanalisieren. Alle drei Ansätze analysieren Mechanismen und Regeln der Differenzierung, Inklusion und Exklusion in Makro- wie Mikrogruppen und erklären das komplexe Zusammenspiel des soziokulturell verankerten Eigenen und Fremden.

Die *Integrated Threat Theory* (Stephan und Stephan) geht von einem Zusammenhang zwischen Vorurteilen gegenüber Fremdgruppen und der Wahrnehmung


M. Logvinov, *Rechtsextreme Gewalt*, essentials,
DOI 10.1007/978-3-658-17151-3_4

von realistischen (Sicherheit, Wirtschaft, Gesundheit u. a.) und/oder symbolischen (Moral, Werte, Glaube, Normen) Bedrohungen für die Eigengruppe aus. Die Bedrohungswahrnehmung hängt dabei von der Quantität und Qualität der Intergruppenbeziehungen, von Persönlichkeitsdispositionen, von der Identifikationsstärke mit der Eigengruppe und von situativen Bedingungen ab.

Nach der *Dominanzkulturthese* (Rommelspacher) entstehen Fremdenfeindlichkeit und Rechtsextremismus als Ausdruck eines Regulativs von Über- und Unterordnung in der Mitte der Gesellschaft und nicht nur am Rand bei benachteiligten Modernisierungsverlierern. Rechtsextremismus gilt demnach als Ausdruck der dominanten Werte einer patriarchalischen Kultur. Allerdings spricht dagegen, dass der Rechtsextremismus keine reine Männerkultur ist. Zugleich lässt sich der Zusammenhang zwischen Männlichkeit und Gewalt nicht nur unter Jugendlichen mit Migrationshintergrund feststellen. Dominanzansprüche können nicht nur aus ethnischer, sondern auch aus sozialer Herkunft (soziale Dominanzorientierung, vgl. *Theorie der sozialen Dominanz*), Geschlecht, Leistungsfähigkeit oder sexueller Orientierung abgeleitet werden. Ähnlich wie in der Theorie der sozialen Dominanz gehört der Rechtsextremismus in dieser Interpretation zu den radikalisierten und politisierten Formen der Konfliktaustragung zwischen egalitären und hierarchisierenden Gesellschaftsmodellen (Frindte 2016, S. 37). Im Folgenden werden einige relevante Erkenntnisse im Kontext der erwähnten Forschungstraditionen ausführlicher vorgestellt und kritisch gewürdigt.

# Ätiologie rechter Gewalt

# 5

## 5.1 Mikro- und makrosoziale Faktoren

Die erste Tradition, die der Täter- und Ursachenforschung, bewegt sich überwiegend auf der Mikroebene, wobei ihre Erklärungsmuster auf makrosoziologische Konzepte rekurrieren. Stellte die Bielefelder Schule die erklärenden Variablen der Modernisierung und Individualisierung sowie Gewaltaffinität bzw. -bereitschaft und gruppenbezogene Menschenfeindlichkeit in den Mittelpunkt, griff die Trierer Forschergruppe auf den Ansatz der relativen Deprivation zurück und beleuchtete Wechselwirkungen zwischen Frustration und Aggression (Ohlemacher 1999, S. 50). Das Forschungsprogramm der Thüringer Untersuchungen verfolgte demgegenüber nicht primär das Ziel, die sozialen Ursachen der Gewalt zu erklären, sondern wollte vor allem psychologische Konstruktionen eruieren, die erklären könnten, „warum Einzelne zu fremdenfeindlichen Gewalttätern geworden sind" (Frindte und Neumann 2002, S. 63). Die Einbeziehung der „aktualgenetischen Verläufe fremdenfeindlicher Gewalt" (Tat und Tatumstände sowie Täter-Opfer-Konstellationen) hob dieses Vorgehen von den übrigen Ursachenstudien ab.

Der die Gewaltätiologie prägende Desintegrations- bzw. Anomieansatz erkennt in den Auswirkungen der beschleunigten Individualisierung – Stichwort: soziokulturelle Differenzierung bzw. Enttraditionalisierung von Lebenswelten – Ursachen für den Verlust von Bindungen an traditionelle Lebensformen, Milieus und Kollektive, was unter Jugendlichen zu Orientierungslosigkeit führe (Heitmeyer 1993). Bei ihrem Versuch, eine Rolle in der „normal pathologischen" freiheitlichen


M. Logvinov, *Rechtsextreme Gewalt*, essentials,
DOI 10.1007/978-3-658-17151-3_5

Industriegesellschaft zu finden, könnten sie auf Definitionsangebote rechtsextremistischer Gruppen zurückgreifen.[1]

Die Plausibilität der Desintegrations- bzw. Anomiethese sowie ihre individuellen wie sozialstrukturellen Implikationen sind wissenschaftlich umstritten (Frindte 1998, S. 180). Problematisch erscheint der konstruierte Zusammenhang zwischen Minderwertigkeitsgefühlen, schlechten Leistungen sowie beruflichen Chancen einerseits und einer Übernahme der rechtsextremistischen Orientierungs- und Handlungsmuster andererseits (Schreiber 1994). Denn schlechte berufliche Chancen sowie Arbeitslosigkeit sind in vielen Fällen nicht die Ursachen, sondern Folgen rechter Einstellungen und Straftaten eines (Karriere-)Täters. Kritiker heben hervor: „Die Desintegrationsthese wird nur bei oberflächlicher Betrachtung durch die Daten bestätigt" (Pfahl-Traughber 2004, S. 41). Überdies spreche gegen die Annahme, Individualisierung und Anomie bildeten bedeutende Ursachen rechter Gewalt, dass „der überwiegende Teil der Tatverdächtigen nicht als vereinsamte Personen vor sich hin lebt" (ebd.). Die Resonanzräume der Gewalt, d. h. etwa Gruppenkontexte beim Tatgeschehen, würden oft ausgeblendet. Eckert und Willems zweifelten ebenfalls die Erklärungskraft der Desintegrationsthese an (Willems et al. 1994).

Der allgemeine Forschungsbefund lautet daher: Die makrostrukturellen Theoreme mögen zur Erklärung von Gewaltneigungen im Allgemeinen beitragen, können deren spezifische Ausprägungen aber nicht erklären.[2] Den bislang publizierten Studien lässt sich überdies entnehmen, dass dieselben Risikofaktoren für (extremistische) Kriminalität, dissoziales Verhalten, Drogenabhängigkeit, Psychopathie und zum Teil auch Schizophrenie gelten können (Remschmidt 2012, S. 56). Der Zusammenhang zwischen makrostrukturellen Entwicklungen und einer mit Perspektivlosigkeit einhergehenden Frustration, die unter bestimmten Bedingungen in

[1]„Insgesamt ist anzunehmen, dass Jugendliche, die den ‚Übergang' zu einer autonomie-orientierten Identitätsbildung nicht schaffen, weil sie nicht in ausreichendem Maße Ressourcen und Bezugspunkte der Identitätsbildung zur Verfügung haben, eher rechtsextremistischen Konzepten zustimmen könnten, weil diese plausible Erklärungen für die eigenen Handlungsprobleme liefern" (Heitmeyer 1992, S. 127).

[2]Vgl. zum Individualisierungstheorem: „Neben den Kritikpunkten, die schon zur Desorganisationstheorie angeführt werden mussten, bleibt der Einwand, dass dieser Ansatz bisher nicht vorweg explizit benennen kann, welche Akteure unter welchen Bedingungen und mit welcher Intensität welcher Form der Desorganisation ausgesetzt sein müssen, um mit einem bestimmten Maß an Desorientierung zu reagieren, unabhängig von dem mit fast allen soziologischen Theorien geteilten Mangel, nicht erklären zu können, welche Akteure auf welche Form der Desorientierung mit welchen spezifischen Verhaltensweisen oder psychischen Prozessen reagieren" (Albrecht 2002, S. 797).

(rechte) Gewalt münden kann, wurde bisher kaum systematisch analysiert.[3] Ob Perspektivlosigkeit und Anomie eine ausschlaggebende Rolle bei der Entwicklung und Manifestierung der rechten Gewalt spielen, bleibt im Großen und Ganzen ungeklärt. Es mangelt in der Forschung auch weiterhin an einer adäquaten Operationalisierung von Individualisierungsprozessen. Gegen die Individualisierungsthese spricht auch, dass die so genannten individualistischen Gesellschaften nicht zwangsläufig eine höhere Gewaltprävalenz aufweisen als stärker kollektivistische (Lösel und Bliesener 2003, S. 6). Überdies ist „eine genaue Analyse, wie gesellschaftliche Strukturen in Interaktion mit psychischen Prozessen Vorurteile determinieren, noch nicht hinreichend gelungen" (Oepke 2005, S. 131). Der bisherige Befund der Forschung lautet: Lediglich für die fraternale relative Deprivation lassen sich „Effekte auf die Gewaltbereitschaft nachweisen, für die individuelle Deprivation dagegen nicht" (ebd., S. 123).[4] Problematisch ist demgegenüber eine Perspektive, in der rechte Gewalttäter als passive Opfer der Risikogesellschaft bzw. der soziostrukturellen Prozesse erscheinen.[5]

Am Beispiel der „Katharsisthese" lässt sich zeigen, wie problematisch und/oder – je nach Perspektive – voraussetzungsvoll die Operationalisierung „defizittheoretischer" Hypothesen sind. Diese verweist im Blick auf die ostdeutsche Jugend auf die Ventilfunktion der rechtsextremistischen Haltungen bei der geistigen Verarbeitung der Existenzbedingungen in einer neuen Welt. Fremdenfeindliche und rechtsextremistische Einstellungen seien demzufolge „Reaktionen, die eine Entlastung angesteuerter psychischer Energien […] anzeigen und herbeiführen" (Friedrich 1992, S. 20). Der These widersprechen jedoch Studienergebnisse, denen zufolge ostdeutsche Jugendliche mit fremdenfeindlichen Einstellungen geringere Depressionswerte und weniger Zukunftsangst aufwiesen als diejenigen mit positiven Einstellungen zu Fremden (Frindte 1998, S. 180). Zugleich kann dieser Befund – je nach Blickwinkel – als Beleg für die identitätsstiftende bzw. -stärkende und entlastende Funktion der rechten Feindbilder und Vorurteile in einer Gleichaltrigengruppe aufgefasst werden.

[3]Somit kann auch die Frage nach Vermittlungsprozessen der Transmission von den vermuteten Risikofaktoren zur rechten Gewalt nicht beantwortet werden (Oepke 2005, S. 123).

[4]Vgl.: „Es deutet sich vielmehr an, dass sich die soziale Deprivation und Desintegration in der Nachbarschaft nur bei bestimmten familiären Risiken und auf spezifische Formen delinquenten Verhaltens auswirkt" (Lösel und Bliesener 2003, S. 7).

[5]Vgl.: „Nicht die Opfer von Gewalttätigkeiten stehen im Zentrum der Untersuchungen, sondern die Täter werden als Opfer der jeweiligen gesellschaftlichen Verhältnisse gesehen" (Schroeder 2004, S. 139).

Rechte Täter müssen zudem nicht zwangsläufig den wirklichen Modernisierungsverlierern angehören bzw. sich als solche sehen, obwohl ein Opfermythos in den jeweiligen Szenen weit verbreitet ist (Schröder 2004, S. 102). Müller (1997, S. 61) wies vor geraumer Zeit in einer Studie zu Täterprofilen auf den hohen Anteil von Tätern mit einem „positiven bzw. sehr positiven Selbstkonzept" hin. Lediglich sechs von 41 Befragten wiesen ein negatives Selbstkonzept auf. Einerseits vermutete der Autor, es gebe womöglich doch mehr Selbstwertprobleme als angegeben. Andererseits sah er sich in der Annahme bestätigt, „dass die Hinwendung zu rechtsextremistischen Orientierungen keineswegs in erster Linie über Deprivationserfahrungen und daraus resultierende Selbstwertprobleme der entsprechenden Personen erklärt werden kann" (ebd., S. 61). Nach Sturzbecher gaben die Eltern gewaltbereiter wie auch fremdenfeindlicher Jugendlicher eine bessere finanzielle Situation als in der Vergleichsgruppe an (Frindte 2014, S. 36). Auch Held, Horn und Marvakis betonten diesen Umstand und interpretierten daher Rechtsextremismus und Fremdenfeindlichkeit als – mit einer „Überidentifikation mit den ‚deutschen' Wirtschaftsinteressen" verbundenen – „Wohlstandschauvinismus" (ebd.).

Der Verweis auf das hohe Maß von Gewalterfahrung in der kindlichen Sozialisation von Straftätern (familiäre Desintegration) ist eine Konstante (sozial-)psychologischer und soziologischer Ansätze. Demnach sei die rechte Ideologie lediglich ein „politisches Mäntelchen", das sich die Straftäter umhängten, um die Gewaltkriminalität zu legitimieren (Marneros 2002; Marneros et al. 2003). Die These hat ihre Berechtigung. Zugleich gilt es zu bedenken, dass Gewalt und Einstellung auf unterschiedliche Art und Weise korrelieren (Krüger 2008, S. 78). Die Einstellung-Verhalten-Differenz zählt zu den ungelösten Problemen der Gewaltforschung, denn die Einbeziehung der fluiden und nur unbefriedigend messbaren Konstrukte wie „rechtsextreme Orientierung", „Gewaltbereitschaft" bzw. „Gewaltaffinität" führt dazu, dass verschiedene Analyseebenen vermengt werden – ein Vorgehen, das nicht nur zu Verzerrungen führt, sondern auch in unbewiesene Annahmen zum (vermeintlichen) Nexus zwischen – makro- wie mikro-sozialen – Ursachen, Einstellungen und der Gewaltanwendung mündet (Boenke et al. 2002, S. 10; Eckert 2012, S. 265; Nedelmann 1997, S. 64).

## 5.2 Meso-Ebene: Radikale Milieus und Subkulturen als Resonanzräume

Obwohl der Großteil rechter Gewalttaten aus Gruppen heraus erfolgt, sind gruppenbezogene und gewaltdynamische Erklärungsansätze in der Rechtsextremismusforschung rar und die gruppenabhängigen Variablen immer noch wenig erforscht. Generell gelten die Theorie der sozialen Identität und die Theorie des realistischen Gruppenkonflikts mit zentralen Prozessen der Ingroup-Favorisierung und Outgroup-Diskriminierung als implikationsfähig. In Verbindung mit der (fraternalen) relativen Deprivation vermag das Konzept des realistischen Gruppenkonflikts um die als knapp wahrgenommenen Ressourcen Erklärungen mittlerer Reichweite liefern. Denn für viele rechte Täter ist die vermeintliche, propagandistisch geschürte, Bedrohung durch Überfremdung keine Fiktion. Zirkuläre Kausation und Eigendynamik fungieren als Erklärungsfaktoren der gruppenbezogenen Radikalisierung. Nicht minder relevant ist die nicht intendierte radikalisierende Wirkung der negativen Bezugsgruppe bzw. des sozialen Umfelds (Ausgrenzung, stigmatisierendes, nicht reintegrierendes Beschämen). Mit Blick auf die Konfrontationsgewalt ist zudem die Rolle der Interaktionsdynamik zwischen den Szenen hervorzuheben.

Gewinnbringend erscheint die soziologische Handlungstheorie von Esser (1996) und ihre Modifikationen (Kroneberg 2005), die sich mit Frame-Script-Selektionen beschäftigen. Denn viele rechts politisch motivierte Täter fallen durch ihre Zugehörigkeit zu gewaltaffinen Subkulturen auf. Diese Mesomobilisierungsakteure sorgen „für eine strukturelle Integration der lokalen Gruppen, sowie für eine kulturelle Einbindung. Sie vermittelt keine vorgefertigte Ideologie, sondern eine Problemdefinition und bieten einen ‚bestimmten Rahmen' für das jeweilige Thema" (Schröder 2004, S. 117). Diese Frames sind Interpretationsschemata, die Werte und Überzeugungen umfassen. Die Fähigkeit der ideologisierten Szenen, ihre potenzielle Anhängerschaft anzusprechen und zu mobilisieren, entscheidet über ihr Erfolg oder Misserfolg, während die Übereinstimmung der Realitätsversionen als Mobilisierungsschlüssel gelten kann. In ideologisierten (wie auch verschworenen) Gemeinschaften fungieren Problemdefinitionen zugleich als Deutungsmuster, die praxisorientierte Implikationen (Verhaltens-Scripts) enthalten und die soziale Informationsverarbeitung sowie Handlungskontrolle an der Schnittstelle von dispositionellen zu situativen Faktoren beeinflussen. Verschiedene *Lerntheorien* legen den Schluss nahe, dass Subkulturen der Gewalt durch die vermittelten Frame-Script-Zuordnungen bestimmte Schemata der sozialen Informationsverarbeitung begünstigen, sodass „Aggressionen subjektiv die konsequente Reaktion auf das Verhalten der Umwelt" darstellen (Lösel und Bliesener 2003, S. 16). Rechtsextreme Milieus fördern ihre spezifischen Deutungsschemata und Handlungsszenarien (Gewaltbereitschaft als Etikett und Symbol der Gruppenzugehörigkeit). Zugleich bieten sie plausible Rechtfertigungen und Neutralisationstechniken an, sodass viele rechte Gewalttäter keine moralischen Skrupel zeigen oder diese erfolgreich verdrängen.

Mithilfe des *Allgemeinen Modells des Handelns,* dem die Annahme einer variablen Rationalität der Akteure zugrunde liegt, kann auch gezeigt werden, warum die Spontaneität der rechten Gewalt in vielen Fällen kein Grund zur Entwarnung ist. Ausgehend vom sogenannten Thomas-Theorem („Wenn die Menschen Situationen als real definieren, so sind auch ihre Folgen real."), erklärt das Modell, wie ein Akteur eine Situationsdefinition vornimmt (Frame-Selektion), welches Programm des Handelns er heranzieht (Skript-Selektion) und welches Handeln darauffolgt (Handlungsselektion). Die Prämisse der variablen Rationalität besagt, dass nur ein Teil der Handlungen dem reflexiv-kalkulierenden Modus (rc) entstammen, denn die automatisch-spontane Alternative (as) sei des Öfteren mental stark verankert.

In vereinfachter Form lässt sich das Modell wie folgt erklären: In einem unbewussten Prozess der Modusselektion „beantworten" die Handelnden unter Zugriff auf mentale Modelle kontinuierlich folgende Fragen: „Welche Art der Situation liegt hier eigentlich vor?", „Welches Verhalten ist in einer derartigen Situation angemessen oder sozial erwartet?" und „Was werde ich tun?". Psychomentale Modelle der Situationen *(Frames)* umfassen immer „bestimmte *Situationsobjekte*", die mentale Repräsentationen typischer Situationen aktivieren. „So werden mit einem Frame bestimmte Wissensstrukturen wie etwa situationsspezifische Oberziele des Handelns sowie unter Umständen auch Werte und Emotionen aktiviert, die mit dem Frame assoziiert sind" (Kroneberg 2005, S. 346). *Skripte* als Programme des Handelns können sowohl das individuelle Handeln als auch komplexere Abläufe enthalten und decken daher verschiedene Arten von Konventionen im weiteren Sinne ab. Welche Situations- und Handlungsmodelle einer Person zur Verfügung stehen, hänge mit der *Sozialisation* zusammen. „In der *generellen Verfügbarkeit* eines Skripts kommt etwa zum Ausdruck, wie stark ein Akteur bestimmte Normen internalisiert oder bestimmte Routinen habitualisiert hat" (ebd., S. 351). In der dritten Phase erfolgt die Handlungsauswahl, die nicht zwangsläufig einem naheliegenden Skript folgen muss. Ob der Akteur die angemessenste Alternative für sein Handeln findet, hänge von der Modusselektion ab.

Im rc-Modus, vorausgesetzt, dass ausreichende Reflexionsopportunitäten vorliegen, wiegt der handelnde Akteur Kosten und Nutzen seiner Handlung ab und stellt die Geltung des Ausgangsframes infrage. Er trifft eine bewusste Entscheidung unter Berücksichtigung der vorliegenden Informationen und der zu erwartenden Folgen. Die Logik des as-Modus wird demgegenüber mit dem Begriff „Match" beschrieben: „Eine Alternative zu der vom Skript nahegelegten Handlung existiert im as-Modus der Handlungsselektion nicht. [...] Mit dem Eintritt in die Situation ist er automatisch als mögliche Situationsdefinition gegeben" (ebd., S. 351 ff.). Denn die Situationsobjekte zeigen relativ deutlich die Geltung eines

Frames an, wobei Akteure über Skripte verfügen, die eindeutig zum mentalen Modell einer Situation passen, stark verankert sind und die Handlungswahl demzufolge stark determinieren.

Den Unterschied zwischen den beiden Selektionsmodi zeigt Kroneberg am Beispiel des adligen Ehrenkodexes auf. „Der Match des Frames ‚Ehrkränkung' in einer Situation ist umso größer, je stärker das Ehrgefühl des Akteurs ausgeprägt ist […], je stärker ein Verhaltenstyp als Beleidigung aufgefasst wird […] und je eindeutiger das konkrete Verhalten des Gegenübers diesem Verhaltenstyp entspricht" (ebd.). Darüber hinaus war der as-Modus im Ehrenkodex sogar normativ verankert, sodass der Ehrenkodex der Gruppe zur zweiten Natur geworden ist. Projiziert auf rechte Subkulturen und Gruppen mit stark ausgeprägten gewaltaffinen Interpretationsregimen und feindseligen Attributionsstilen, wirkt anscheinend die bloße Wahrnehmung bzw. das Über-den-Weg-Laufen eines bestimmten Opfertypus als „Match" zur Aktivierung der gewalttätigen Situationsdeutungen, Handlungsprogramme und Aktionen im as-Selektionsmodus. Die Spontaneität des Gewaltgeschehens verweist in diesem Zusammenhang auf die tiefe Verankerung der kaum noch reflektierten, gewaltlastigen Triade der Frame-, Skript- und Handlungsselektion.

Mesomobilisierungsakteure und ihre Mytho- sowie Ideologeme tragen zur Herausbildung eines selektiven Wahrnehmungsmusters bei, welches de Boor als Monoperzeptose bestimmte. Mit diesem Begriff wird im nicht klinischen Sinn die Dominanz einer mehr oder weniger geschlossenen Vorstellungswelt bezeichnet, die gegen Einwände immunisiert, sich durch überwertige Ideen auszeichnet und in Allmachtsgefühle sowie gesteigerter Aggressivität münden kann (Boor 1978, S. 122). (Radikale) Milieus und Szenen als Deutegemeinschaften lassen sich als faktenfremde Interpretationsinstanzen beschreiben. Ein Zugehörigkeitsgefühl und eine spezifische Identität erzeugen einen normativen Zwang zur prototypischen Deutung der Ereignisse: „Deutegemeinschaften sind in diesem Sinne Meinungsmacher, Mythenmacher, Allmachtsvertreter. Sie erheben den Anspruch, mit normativer Kraft die Welt zu interpretieren und zu verändern. In diesem Sinne versuchen Deutegemeinschaften konkurrierende Deutungen zu unterdrücken und/oder aus dem gesamtgesellschaftlichen und globalen Diskurs zu vertreiben, um an deren Stelle ihre eigene Welt- und Lebensbegründungen zu etablieren" (Frindte 2016, S. 42).

Auch wenn oft davon die Rede ist, dass rechte Gewalt in den meisten Fällen nicht rechtsextremistisch sei, d. h. keinen ideologisch-politischen Hintergrund aufweise, spricht die Opferstruktur der rechten Gewalttaten eine deutliche Sprache

(Willems 2003). Dabei werden die inkriminierten Opfergruppen offenbar gezielt in ihrer Würde angegriffen. Studien, die nicht die „rechtsextremistische Gewalt", sondern die Gewalt an sich als unabhängige Variable voraussetzen, kommen in diesem Zusammenhang zu interessanten Ergebnissen:

> Rechte Gewalt erscheint nicht nur in spektakulären Einzeltaten als auffälliges Phänomen, sondern auch bei der Betrachtung der Gesamtheit schwerer Gewaltkriminalität tatsächlich als wesentlicher Einflussfaktor, wenn etwa die Hälfte aller Straftaten gegen das Leben im Zusammenhang mit politischer Gewaltaffinität begangen wird. Umso deutlicher wird dazu der Befund, wenn fast zwei Drittel aller beteiligten Täter von dieser Ideologie beeinflusst sind (Graser und Fittkau 2008, S. 34).

Trotz eines deutlichen Anstieges der Konfrontationsgewalt zwischen rechts- und linksextremen Szenen sind in den wissenschaftlichen Studien Interaktionen und zirkuläre Kausationen des Gewaltgeschehens mit nur wenigen Ausnahmen nach wie vor ungenügend erforscht.

Mikro- wie makrosoziologische Hypothesen konnten in der Rechtsextremismusforschung empirisch nicht überzeugend bestätigt werden. Baier (2005) setzte sich in einer Untersuchung abweichenden Verhaltens mit den verbreitetsten Annahmen[6] für die Mikro-, Makro- und Mesoebene systematisch auseinander und kam zu dem Schluss: „Die einzige These, die über alle Abweichungsindices hinweg empirisch bestätigt werden kann, ist die Sozialisationsthese. […] Die Assoziationsthese erhält bei drei der vier Abweichungsformen empirischen Zuspruch" (ebd., S. 391). In einer weiteren Studie betonen Wissenschaftler, dass die Indikatoren „Ausländerfeindlichkeit", „niedrigschwelliges Verhalten" und „Straftaten" durchschnittlich enger miteinander in Beziehung stünden als mit der „Mitgliedschaftsquote", „was als empirischer Beleg dafür gewertet werden kann, diesen Indikator – also die Mitgliedschaft in einer rechten Gruppe oder Kameradschaft – bei der Bestimmung rechtsextremer Jugendlicher nicht einzubeziehen" (Baier und Pfeiffer 2008, S. 140). Dies ist insofern ein überraschender Befund, als der Anteil rechter Gruppenstraftaten nach wie vor groß ist. Darüber hinaus sind es die Mesoakteure einschließlich Kameradschaften, losen Gruppen und Cliquen, die neben den Interaktionseffekten zwischen der funktionalen Qualität des Familienlebens und der Delinquenz einen nicht zu ignorierenden Einfluss auf das Gewalthandeln ausüben. Denn sie vermitteln, zementieren und verstärken als

[6]Analysiert wurden die Anomiethese, die Konkurrenzthese, die Sozialisationsthese, die Assoziationsthese und die Kontrolltheorie.

Resonanzräume eine Problemdefinition und zusammenhängende, aus Sicht der Szenen bzw. Milieus naheliegende Reaktionen.[7] Daher ist übrigens die Frage durchaus berechtigt, „ob die ‚subjektive Deprivation' eine Erklärung für rechtsextreme Einstellungen oder nicht bereits ein Ausdruck davon ist bzw. was hier die Ursache und was Wirkung ist" (Rommelspacher 2008, S. 125). Eine breite Feindbildpalette erhöht dabei den Pegel der Gewaltbereitschaft.

Es konnten bis jetzt auch deshalb keine überzeugenden Erklärungen der Ursachen rechter Gewalt geliefert werden, weil man die Frage nach der Ursache und Wirkung oft nur einseitig diskutierte. Es ist nicht unplausibel, subjektive Deprivationserfahrungen eines Straftäters als Gewaltursache zu erwägen. Klammert man dabei die wie auch immer gearteten Ideologiefragmente als motivationalen Bestandteil sowie die Rolle der kriminellen Karriere für die Deprivationserfahrung aus, ergibt sich eine direkt wirkende Last der Soziobiografie. Doch das tatsächliche Zusammenspiel zwischen der Makro-, Meso- und Mikroebene ist ohne Berücksichtigung des um die gewalttätige Subkultur (Gewaltgruppen als Realität sui generis) gelegten „Gummizauns" kaum zu erklären.

Unter dem Stichwort „sozial-kognitive Informationsverarbeitung" weisen Lösel und Bliesener[8] auf die Einflüsse der mentalen Selektionsprozesse aggressiver Akteure auf die Wahrnehmung der Situation und dass daraus resultierende Handeln hin. Auch Sutterlüty (2003) hebt die Bedeutung der soziobiografisch bedingten gewaltaffinen Interpretationsregimes deutlich hervor. Somit lässt sich in der Tat behaupten, dass Gewalt in gewaltbereiten Subkulturen als ordnendes

[7] Vgl.: „Geht man wie sie vom Prinzip der ‚nationalen Präferenz' aus, fühlt man sich allein schon durch die Existenz von Nicht-Deutschen bedroht und wittert überall die Gefahr, von den ‚Fremden' übervorteilt zu werden" (Rommelspacher 2008, S. 125).

[8] „Im Unterschied zu Vergleichsgruppen weisen diese spezifische Muster auf: 1) Wahrnehmung der Situation: selektive Aufmerksamkeit für feindselige/aggressive Hinweisreize; 2) Mentale Repräsentationen und Interpretation der Situation: Defizite beim Erkennen der Motive anderer, Unterstellen aggressiver Absichten bei mehrdeutigen Situationen; 3) Zielfestlegung: egozentrische und antisoziale Ziele; 4) Reaktionssuche: körperliche und verbale Aggression, Impulsivität und mangelhafte Vielfältigkeit; 5) Handlungsauswahl und -bewertung: kurzfristige Abschätzung der Handlungsfolgen, positive (Selbstwirksamkeits-)Erwartung mit Blick auf aggressive Reaktionen, positive moralische Bewertung der Aggression" (Lösel und Bliesener 2003, S. 23–24).

Prinzip und Deutungsmuster fungiert.[9] Mehr noch: Die Mesomobilisierungsakteure berücksichtigen die schichtenspezifische Ausprägung der Gewalt. War der Linksextremismus in den 1970/80er Jahren durch die Merkmale „Jugendlichkeit und höhere Bildung"[10] geprägt, scheinen die rechten Gewalttäter vor allem unteren, weniger gebildeten Schichten zu entstammen.

[9]Vgl.: „Gewalt spielt im Selbstverständnis des historischen Nationalsozialismus und bundesrepublikanischen Neonazis eine zentrale Rolle; sie ist Dreh- und Angelpunkt, um den herum sowohl abstrakt (sozialdarwinistisch und rassistisch) als auch konkret (hinsichtlich Politikform, Strategie, Taktik und Feindbild) gedacht wird. Ihr kommt die Funktion einer ‚Philosophie' und ‚message' zu" (Henning 1983, S. 91).

[10]Mit dem Aufkommen neuer Organisationsformen in den 2000er Jahren scheint dieser Trend abgeklungen zu sein.

# 6 Gewaltphänomenologie als mikroskopische Beschreibung

Einen weiteren Forschungsstrang bildet die genuine Gewaltsoziologie, welche die „Gewalt- als Ursachenforschung“ scharf kritisierte. Ende der 1990er Jahre fasste Trutz von Trotha ihre Defizite aus der Sicht der Gewaltphänomenologen zusammen. Die Forschung stelle „eine Soziologie der Ursachen, aber keine Soziologie der Gewalt“ dar (Trotha 1997, S. 9). Auch handele es sich um eine Soziologie der „sozialen Probleme“ und deren Kumulation in den Gruppen und Menschen, die als Täter und Tätergruppen ausgemacht würden. Diese Sicht verfehle die Situationsoffenheit und Prozesshaftigkeit des Gewaltgeschehens. Zudem sorgten die „großen Verallgemeinerungen“[1] dafür, dass Täter praktisch als die von jeglichen Entscheidungsbefugnissen und Handlungsfreiheiten befreiten „Opfer“ der sozialen Um- und Missstände gälten. „In der Soziologie der Ursachen der Gewalt sind die Täter Befehlsempfänger oder soziale, kulturelle oder psychologische *homunculi.*“ Weiter heißt es: „Der ‚Ursachen-Reduktionismus‘ geht mit einer ‚Entsubjektivierung des Handelnden‘ einher […] und blendet die Verantwortung aus, die der Täter, der Zuschauer und, in manchen Fällen, […] selbst das Opfer hat“ (ebd.).

Die Ätiologie der Gewalt sei ein Diskurs über die Unordentlichkeit von Gesellschaft und Kulturen, die von der Gewalt so weit entfernt sei wie die postulierten

[1]Vgl.: „Auf der anderen Seite lässt die Soziologie der Ursachen der Gewalt […] alle empirischen Skrupel […] hinter sich. Dann beginnen die ‚großen‘ Verallgemeinerungen, zu denen in der ‚postmodernen Gesellschaft‘ Individualisierung, Pluralisierung und funktionale Differenzierung ebenso wie ‚die Moderne‘ selbst oder gar ‚die Modernisierung der Moderne‘ gehören, deren ‚Schattenseiten‘ ‚Desintegrationsprozesse‘ sind, die nichts unberührt lassen“ (ebd., S. 19).



M. Logvinov, *Rechtsextreme Gewalt,* essentials,
DOI 10.1007/978-3-658-17151-3_6

Gewalt auslösenden „Ursachen". Generell verlagere der normative Zugang dieses Forschungsstranges das analytische Interesse von der Gewalttat selbst auf die ihr vorgelagerten Ursachen und nachgelagerten Folgen. Der „Sinn" von Gewalt liege weder „vor" ihr (etwa in den Motiven und Einstellungen der Täter), noch „über" ihr (in dem ideologischen Überbau, einem höheren Ziel oder einer übergeordneten Funktion), auch sei er nicht „unter" ihr (in der Sozialstruktur) zu finden oder gar „außerhalb" ihrer (in sonstigen sozialen Bedingtheiten). Wenn Gewalt überhaupt einen „Sinn" habe, so liege er in der Figuration und Prozesshaftigkeit der Gewalt selbst (Nedelmann 1997, S. 64).

Ähnlich argumentiert Collins (2011) in seinem umfassenden Buch über die mikrosoziologische Gewalttheorie. Er hält Hintergrundfaktoren wie Armut, Rasse und Kindheitserfahrungen ebenfalls für völlig belanglos, wenn die Dynamik einer Gewaltsituation erklärt werden soll: „Unsere Theorien kranken daran, dass sie auf Statistiken beruhen, die nach dem Ereignis erhoben wurden, von der Strafjustiz oder durch Interviews mit verurteilten Straftätern oder anderen Beteiligten" (ebd., S. 13).

Ungeachtet einiger Übertreibungen gilt es, die Ermahnung der Gewaltsoziologen aufzunehmen und dem dynamischen Gewaltgeschehen bzw. der Gewalt als sozialer Beziehung mehr Aufmerksamkeit zu schenken.[2] Denn es ist unumstritten, dass „mikroskopische" bzw. dichte Beschreibungen der Konfigurationen von Täter(n), Opfer(n) und Dritte(n)[3] in der Rechtsextremismusforschung eher Mangelware sind. Zudem dominierten die Täterstudien lange Zeit die Forschung, während viktimologische Perspektiven fast völlig fehlten (Bjørgo 2002).[4] Als Beispiel einer gelungenen Synthese der Ursachen- mit Gewaltforschung kann die Untersuchung von Sutterlüty (2003) gelten, obgleich sie primär auf die Soziobiografie abhebt. Eckert weist zu Recht darauf hin, dass Gewalterfahrungen „wirken" – „und die Erfahrung, die Berichte und die Imagination solcher Erfahrungen ist ein

[2]„Gewalt muss – technisch gesprochen – nicht nur als abhängige, sondern auch als unabhängige Variable behandelt werden, wenn Bedingungen von Persistenz und Radikalisierung erklärt werden sollen. Gewalterfahrungen ‚wirken' – und die Erfahrung, die Berichte und die Imagination solcher Erfahrungen ist ein zentrales Element sowohl persönlicher Biografien als auch politischer Prozesse" (Eckert 2012, S. 264).

[3]Etwa kontrollierende, teilnehmende oder aufmunternde Öffentlichkeit und/oder extremistische Milieus, aber auch moralische Schranken, subkulturelle Wertvorstellungen, Organisationskontexte.

[4]Inzwischen liegen mit der aufschlussreichen Studie von Willems und Steigler (2003) und der Untersuchung von Böttger et al. (2014) erste Versuche vor, die analytische Schieflage auszugleichen.

zentrales Element sowohl persönlicher Biografien als auch politischer Prozesse" (Eckert 2012, S. 264). Aus diesem Grund muss Gewalt auch als unabhängige Variable behandelt werden, wenn Bedingungen von Persistenz und Radikalisierung erklärt werden sollen (ebd.).

# Rechte Gewalt im Licht des sozialen Interaktionismus 7

Die deutsche Bewegungsforschung übt(e) ebenfalls scharfe Kritik an den Bemühungen der „pathologischen" Ansätze, „schlechte Ereignisse" wie (terroristische) Gewalt „mit schlechten Ursachen" zu erklären. Sie seien ebenso vielfältig wie fruchtlos, so Susanne Karstedt-Henke zuspitzend (Karstedt-Henke 1980, S. 169). Aus interaktionistischer Perspektive mangele es dem ätiologischen Paradigma am Verständnis spezifischer Eskalationsdynamiken. Zwar entwickelte die Autorin ihre Argumentation in Bezug auf linke Protestbewegungen. Untersuchungen der Konfrontationsgewalt zwischen rechten und linken Szenen zeigen jedoch eine nicht zu ignorierende Relevanz der gegenseitigen Aufschaukelungsprozesse, die eine Gewalteskalation und in einigen Fällen sogar die Veränderung der Gewaltspezifik nach sich ziehen. Nichtsdestotrotz werden Interdependenzen und Interaktionen zwischen gewaltorientierten Szenen nach wie vor oft vernachlässigt.

Hennig (1982, S. 111) wies überdies zu Recht darauf hin, dass das Umschlagen von Gewaltakzeptanz in Militanz und von militanter Gewaltakzeptanz bzw. aggressiver Devianz in Terrorismus einen der weißen Flecken der Gewaltforschung darstell(t)e. Am Beispiel der „SINUS-Studie" benannte er zwei zentrale Desiderata der Rechtsextremismusforschung: „1. wird die ‚Beziehungsumwelt' zu wenig analysiert, 2. werden die Konfliktfelder, in dem soziale und biographische Faktoren aufeinanderprallen und im Ergebnis den Startpunkt einer neonazistischen Karriere begründen, nicht bezeichnet" (ebd., S. 117). Zusammenfassend betonte der Soziologe die vorwärtstreibende Rolle der Stigmatisierungsprozesse und die Tatsache, dass Reaktionen seitens der Sozialisationsinstanzen sowie der Polizei und Justiz von den „Führern" neonazistischer Gruppen bewusst eingesetzt werden, weshalb Institutionen Stigmatisierungseffekte durch Differenzierung und gestufte Sanktionierung vermeiden sollten (ebd., S. 129).


M. Logvinov, *Rechtsextreme Gewalt*, essentials,
DOI 10.1007/978-3-658-17151-3_7

Obwohl der Rechtsterrorismus und -extremismus lediglich einen analytischen Nebenpfad des vom Bundesministerium des Innern in der zweiten Hälfte der 1970er Jahre in Auftrag gegebenen Forschungsprojekts „Analysen zum Terrorismus" bildete, sind dessen Ergebnisse nach wie vor wegweisend. Zu den Vorzügen des breit angelegten Projekts zählte der multidisziplinäre und -perspektivische Ansatz. Die Forscher bezogen nicht nur die Mikro-, Meso- und Makroebene in ihren Wechselwirkungen ein, sondern reflektierten auch den breiten sozialen Kontext terroristischer Gewalt. Darüber hinaus wurde den Interaktionen zwischen Protestakteuren selbst sowie zwischen Gewaltakteuren und Staat große Bedeutung beigemessen – ein Ansatz, der in jüngster Zeit wiederaufgenommen wurde.

In vier Teilprojekten – „Ideologien und Strategien" 1), „Lebenslaufanalysen" 2), „Gruppenprozesse" 3), „Gewalt und Legitimität" (4/1), „Protest und Reaktion" (4/2) – wurden Erkenntnisse zutage gefördert, deren Relevanz für verschiedene Aspekte der Gewaltätiologie nach wie vor grundlegend sind. So betonten Schmidtchen (1981) und Süllwold (1981) in Hinblick auf terroristische Karrieren die Rolle der Wechselwirkungen zwischen verschiedenen Bedingungsfaktoren – eine Perspektive, die es ermöglicht, soziobiografische Belastungen und Risikofaktoren nicht monokausal zu verklären. Im Gegensatz zu den Erkenntnissen der gesellschaftsorientierten Opfer- und persönlichkeitsorientierten Defizittheorien (Fritzsche 2001) sind die Terrorismusforscher zu dem überzeugenden Schluss gelangt, dass biografische Belastungen nicht zwingend zu einer politischen Ressource werden und nur in spezifischen Konstellationen ihre Wirkung entfalten.[1] Versagensgefühle, die nicht nur Extremisten in verschiedenen Lebensphasen empfinden, werden von diesen infolge der externen Zuschreibung und Haftbarmachung des Anderen zu einer entlastenden Erklärung (Süllwold 1981, S. 97). Diese Erkenntnis deckt sich mit einem weiteren Befund: Ein internationaler Vergleich stellte eine negative Beziehung zwischen Individualisierung (in einigen Studien als wesentliche Ursache der rechten Gewalt angeführt) und Gewaltkrimi-

[1] „Sie bilden eine Kontingenzvariable, die erst in Aktion tritt, wenn andere Dinge nicht mehr stimmen. Erst im Verein mit Legitimitätsdefiziten des Staates und deren Ideologisierung werden biographische Tatsachen virulent und zu einer wichtigen Ressource für das politische Handeln. Biographische Daten für sich allein in Zusammenhang mit dem politischen Verhalten gesetzt, wirken relativ unspezifisch, weil sie mit anderen Motivorganisationen interagieren. Biographische Belastungen sind wie Sprengstoff: er bleibt ruhig, solange es keinen Zünder gibt, der betätigt wird. Die Zündung der biographischen Belastungen geschieht durch Ideologisierung und durch feindselige Beschreibung der Institutionen, durch Delegitimierung des Staates" (Schmidtchen 1983, S. 249).

nalität fest. Demnach hänge die kausale Korrelation dieser Variablen von der Spezifik der Frames ab, die bestimmte Akteure bemühen (Albrecht 2002, S. 801).

Gruppenprozesse sind Gegenstand des opulenten dritten Bandes der „Analysen zum Terrorismus". Besonders hervorgehoben sei an dieser Stelle die These von Groebel und Feger (1982, S. 400), der zufolge die Gründe für das Mittragen militanter Aktionen innerhalb der Gruppen zu differenzieren seien. Tatsächlich lassen sich verschiedene Gruppenrollen (Führungsperson, Mitläufer) unterscheiden, die aus unterschiedlichen Ursachenkonstellationen und Gründen für die Affiliation (politische Ziele, „Geborgenheit" und Halt) resultieren.

Darüber hinaus analysierten Matz, Schmidtchen und Uehlinger im Band 4/1 „Gewalt und Legitimität" Mechanismen der Gewaltlegitimierung vor dem Hintergrund der angezweifelten Legitimität des Staates. Dabei rückten sie die Kommunikationsabhängigkeit in den Vordergrund und betonten, dass gleiche Situationen wegen unterschiedlicher Interessenhintergründe und der „Verfügbarkeit unterschiedlicher Interpretationsschemata sehr verschieden erfasst und erlebt werden" (Schmidtchen 1983, S. 217).

Es sei abschließend auf Forschungen des Psychologen und Juristen Böllinger (2006) verwiesen, die sich mit psychosozialen Interaktionen zwischen Gruppen, Individuen und staatlichen Instanzen auseinandersetzten. Am bereits erwähnten Projekt mit „Lebenslaufanalysen" der Linksterroristen beteiligt, wandte er ein Ende der 1970er Jahre entwickeltes Karrieremodell auf andere Phänomenbereiche an. Überdies wies Böllinger auf die Notwendigkeit hin, einige methodologische Annahmen der Gewaltforschung zu berücksichtigen. So entkräftete er eine weit verbreitete Annahme, neuro-psychologische Affektstrukturierungen (Frust, Wut u. a.) seien hinreichende Bedingungen der Radikalisierungsprozesse im Sinne linearer Kausalität. Im Gegenteil bedürften sie zusätzlicher enthemmender Prozesse in der radikalisierten Gruppe (ebd., S. 61).

Es gilt aus Sicht des Verfassers, die oben genannten Aspekte des sozialen Interaktionismus auf der Mikro- und Makroebene sowie den Umgang des Staates mit radikalen und extremistischen Milieus in Untersuchungen politisch motivierter Kriminalität (erneut) einzubringen.

# 8 Spezifika der rechts motivierten Gewaltkriminalität

## 8.1 Ausprägungen rechter Gewalt

Obwohl sich Schockeffekte infolge des zufälligen Bekanntwerdens des NSU im wissenschaftlichen Diskurs, anders als in der Sicherheitspolitik, nicht einstellten, muss konstatiert werden, dass die Rechtsextremismusforschung die „heiße“, oder besser: expressive, Gewalt ins Zentrum gerückt hat, während andere Formen eher vernachlässigt wurden. Der Radikalisierungspfad „Getroffen – gesoffen – gedroschen“ galt als typischer Verlauf rechter Gewaltverbrechen. Die prägnante Formel impliziert zahlreiche Attribute der rechten Gewaltkriminalität und verweist zugleich auf ihre Kontexte. Erstens agierten die Täter in der Regel in Gruppen („getroffen“). Der Alkoholkonsum als Prozedur zur Enthemmung der spontan-situativen Gewaltanwendung gehört inzwischen zum Gemeinplatz der einschlägigen Analysen. „Das ‚gedroschen‘ verweist auf die Gewaltmittel, bei denen es neben den Fäusten meistens leicht zugängliche Schlag- und Stichwaffen sind, wie Baseballschläger oder Messer. Die Auswahl der Opfer geschieht zufällig“ (Busch 2013, S. 220). Im Gegensatz zur expressiven Gewaltanwendung verlaufe die planhafte Gewalt im reflexiv-kalkulierenden Modus. Auch Psychiater unterscheiden zwischen dem primär emotional gesteuerten, impulsiv-aggressiven und dem geplanten, instrumentell-aggressiven Verhalten (Schmeck und Poustka 2000, S. 4).

Nimmt man terroristische Aktionsformen des RAF- bzw. NSU-Typus als Maßstab, erscheint die „typische“ rechte Gewaltkriminalität tatsächlich als eher situativ und spontan. Wird diese Sichtweise zu einem dominierenden Erklärungsmuster, bleibt jedoch das zweckrationale Handeln im Rechtsextremismus größtenteils ausgeblendet. Dabei handelt es sich um zwei funktional verschränkte Dimensionen – eine Legitimation bzw. Steuerung ausgeübter Gewalt durch rechtsextreme Ideologeme


M. Logvinov, *Rechtsextreme Gewalt*, essentials,
DOI 10.1007/978-3-658-17151-3_8

(praxeologische Komponente des diagnostischen Frames) und eine Durchsetzung der Ideologie durch Anwendung von Gewalt (Kohlstruck 2005). Zieht man beide Dimensionen in Betracht, erscheint das zufällige Aufeinandertreffen von Tätern und Opfern in nicht wenigen Fällen als das einzig „Spontane" im dynamischen Gewaltgeschehen. Denn einerseits gewannen in der rechten Szene kalkulierte Aktionen wie beispielsweise „Ortskontrollfahrten" (OKF) an Bedeutung, die sowohl planhaft, arbeitsteilig und mit Lagebesprechungen[1] als auch spontan nach einem Saufgelage vorgenommen werden (können). Andererseits stellt das womöglich nicht geplante, aber typische, durch und durch absichtliche „Losziehen" der rechten Täter, um „jemanden zu boxen", ein anscheinend nicht minder verbreitetes Phänomen der rechten Gruppengewalt dar.

Darüber hinaus finden sich verschiedene Mischformen bzw. Schnittmengen zwischen Planung, Absicht und Spontaneität.[2] So nahm der sozialpädagogische Dienst einer sächsischen JVA unter dem Stichwort „instrumentalisierte Gewalt" folgende Einschätzung eines rechten Gewalttäters vor (Gefangenenpersonalakte): „Das Gewaltproblem hat einen instrumentellen Charakter zur Durchsetzung eigener Interessen und Einstellungen bei schwach ausgeprägter Aggressionshemmung zur Gewaltanwendung. Der Heranwachsende ist ein Schläger aus Überzeugung und Prinzipien". Es mag sein, dass solche „Schläger aus Überzeugung und Prinzipien" spontan auf ihre – dem szenetypischen Feindbild entsprechenden – Opfer treffen. Doch sie schlagen nur selten spontan zu, wofür auch das Mitführen von offensiven (beispielsweise Quarzsandhandschuhe) und defensiven (beispielsweise Mundschutz) Waffen spricht. Die Gewaltforschung darf solche Facetten der tätlichen Auseinandersetzungen nicht ignorieren. In nicht wenigen Fällen stellen Aus-

[1]Vgl. die Aussage eines Tatverdächtigen gegenüber der Polizei: „Wir machten eine ‚OKF', eine Ortskontrollfahrt. Mir ist das nicht eingefallen. Das heißt so. Man will dann gucken, ob noch etwas los ist. Ob noch jemand an der Tankstelle oder am Markt ist. [Zum Tatort]: Das ist einer der Hauptpunkte, wo sich die Jugendlichen in […] treffen. […] Am alten NVA-Armeegelände […] haben wir eine Lagebesprechung gemacht. Wir wollten noch einmal gucken, wo noch welche rumspringen, Ausländer halt." Zur Opferauswahl hieß es weiter: „Wenn wir einen Linken getroffen hätten, wäre es auch gut gewesen. Aber irgendeinen sollte es nicht treffen."

[2]Vgl.: „Die Mehrzahl von fremdenfeindlichen Gewalttaten stellen jedoch eine Mischform aus Spontaneität und Planung dar" (Willems 1993, S. 182).

sagen zur Spontaneität der Taten zudem plumpe Schutzbehauptungen dar.[3] Würdigt das jeweilige Gericht die politische Motivation bzw. die politischen Kontexte der Tat nicht oder ordnet sie falsch ein, werden Gewaltforscher, die nur Urteilsschriften untersuchen, auf die falsche Fährte gelockt. Dabei steht außer Frage, dass es auch andere Fälle gibt: (Fremdenfeindliche) Taten aus Gruppen heraus werden auf der individuellen Ebene mitunter erst im Nachhinein mit der „richtigen" Einstellung untermauert (Ohlemacher 1999, S. 56).

Die Forschung hat verschiedene Abstufungen rechter Gewalt herausgearbeitet. Nicht nur dezidiert ideologische, planvolle und instrumentelle, sondern auch spontan-situative, automatisierte (Frindte und Neumann 2002, S. 94) Gewaltausübung dient der Macht und/oder Selbsterfahrung (der Effekt des Handelns). Heitmeyer spricht in diesem Zusammenhang von instrumenteller Gewalt zur Eroberung territorialer Macht[4] und expressiver Gewalt zur situativen Machtdemonstration (Heitmeyer 2002, S. 506). Gewalt fungiert vor diesem Hintergrund als Statussicherung, Durchsetzung kollektiver Ambitionen/Ziele und identitätsstabilisierende Machtdemonstration (gewaltexterne Motivation). Physische Gewalt kann als Ausdruck der Dominanzansprüche und eigener Überlegenheit durch die Degradierung der definierten Feindgruppen interpretiert werden (Rommelspacher 2006, S. 57 ff.). Gewalttaten werden ebenfalls begangen, um „Spaß" zu haben. Das hedonistische Motiv des Verstoßes gegen die Regeln der bürgerlichen Kontrollinstanzen scheint dabei für die jugendlichen „Provokateure" attraktiv und Lust erzeugend zu sein.

Zugleich ist zu bedenken, dass „die spezifische Erlebnisqualität und -intensität eine eigene Motivationsquelle der Gewaltausübung darstellen und eine Eigendynamik gewinnen kann" (Sutterlüty 2003, S. 47). In der Tat sind die intrinsischen Gewaltmotive – physische Überlegenheit, die Schmerzen des Opfers und die Außerkraftsetzung der alltäglichen Kontrollmechanismen – als das Agens der Gewalttat nicht von der Hand zu weisen. Dabei entstehen auch „Gewaltmythologien" mit „Kämpferidealen" und eine Art „Gewaltästhetik" (ebd.).

---

[3]Vgl. zu Gewalttätern als „Experten der Diskurse" und dem vermittelten Erfahrungswissen über juristische Urteilspraxen: „Ja. Sag ich mal hier, Karl-Heinz wohnt da und da, den schnappen wir uns heute. Also det is mir denn zu doof. Det ist ja schon wieder ein geplantes Verbrechen. [grinst] Wird ja wieder noch härter bestraft" (Münch 2012, S. 68).

[4]So rief Ende der 1990er Jahre eine „Stormfront" in einem Strategiepapier zur „Etablierung einer Gegenmacht" gemäß dem Motto „Schafft national befreite Zonen!" auf: „Wir müssen Freiräume schaffen, in denen wir faktisch die Macht ausüben, in denen wir sanktionsfähig sind, das heißt, wir bestrafen Abweichler und Feinde. Es genügen zehn oder zwölf entschlossene Revolutionäre, und WIR bestimmen, was aus militanter Sicht in einer Stadt ist und was nicht."

## 8.2 Profile rechter Gewalttäter

Das sozialbiografische Profil rechter Täter wird oft wie folgt beschrieben: „junge Männer zwischen 14 und 24 Jahren mit niedrigem Bildungsstatus, die der Polizei häufig bereits wegen früherer Gesetzesverstöße bekannt sind“ (Ziercke 2006, S. 71). Dabei unterschied etwa Willems (1993, S. 200 ff.) mindestens vier Tätertypen:

1. der Mitläufer sei weder fremdenfeindlich noch extremistisch,
2. der kriminelle Schlägertyp setze Gewalt nicht als politisches, sondern als alltägliches Mittel der Konfliktlösung ein;
3. der Ausländerfeind und Ethnozentrist verkehre meist in gewaltbereiten Jugend- und Subkulturen, während
4. der ideologisch-motivierte Täter nicht selten parteipolitisch aktiv und/oder an organisierte rechtsextremistische Gruppen gebunden sei.

Das obige Profil trifft gemäß dieser Typologie lediglich auf zwei rechte Tätertypen zu, nämlich auf den kriminellen Jugendlichen und den Ausländerfeind/ Ethnozentristen. Der Mitläufer komme demgegenüber aus „einem intakten, häufig auch bürgerlichen Elternhaus“ und habe „keine größeren privaten oder beruflichen Probleme“, während der ideologisch-motivierte Täter meist über einen erfolgreichen Schulabschluss verfüge und im Besitz einer festen Arbeitsstelle sei. Willems stellte bei der Durchsicht der Gerichtsakten überdies fest, dass „der größte Teil der fremdenfeindlichen Straf- und Gewalttäter [...] unauffällige, ‚normale‘ Jugendliche und Ersttäter waren“ (ebd., S. 146).

Müller (1997, S. 58) identifizierte in seiner Untersuchung fünf Täterprofile:

1. den Typus des Überzeugten mit Verbindungen zum organisierten Rechtsextremismus,
2. den Typus des Mitläufers, dem es verhältnismäßig gleich sei, mit wem er laufe, und der aus Wut, Neid, Angst oder Enttäuschung agiere;
3. den Typus des Cliquenzentrierten, für den die informelle Gruppe seinen Lebensmittelpunkt darstelle und die Straftaten keiner politischen oder ideologischen Fundierung bedürfen;
4. den Typus des Aggressiven, der entweder seine Aggressionen nicht zu kontrollieren vermöge oder gezielt gewalttätige Auseinandersetzungen mit seinen „Gegnern“ suche.

5. Der Typus des Devianten lässt sich am wenigsten mit der ideologisch motivierten Gewalt in Verbindung bringen.

Wahl (2003) nahm in einer Studie die Kategorisierung der Kriminalitätskarrieren und Tätervarianten entlang zweier Dimensionen vor – der Aggressivität sowie dem Fremdenfeindlichkeits- und Ideologisierungsgrad:

1. Kriminelle Schläger zeichnen sich demnach durch Anwendung von Gewalt als Mittel der Konfliktlösung, aber auch durch Spaß- bzw. ritualisierte Gewalt aus, wobei Überschneidungen zur Hooligan-Szene feststellbar seien.
2. Fremdenfeindliche Schläger seien Träger von verfestigten fremdenfeindlichen und/oder rechtsextremen Einstellungen.
3. Der Unterschied der Fremdenfeinde zu politisierten Schlägern bestehe darin, dass die Letzteren eine Kombination aus verfestigten fremdenfeindlichen und rechtsextremistisch-ideologischen Orientierungen aufwiesen.
4. Ein propagandistischer Gewalttäter als Mischform verbinde seine politischen Ziele, „die in politisch organisierter Form gelebt werden", mit gelegentlichen Gewalttaten.

Die angelsächsische Hate-Crime-Forschung unterscheidet mindestens vier Tat-(Täter)-Typen (Schneider 2006, S. 37):

1. Sensations-Hassverbrechen aus Freude am Zufügen von Leid;
2. Reaktions-Hassverbrechen gegen „Eindringlinge", die eine Nachbarschaft angeblich bedrohen;
3. aus einem „Sendungsbewusstsein" resultierende Missions-Hasstaten, mit denen die Welt von einem „Übel" zu befreien sei und
4. Organisations-Hassverbrechen als Missions-Delikte, die von strukturierten Gruppierungen verübt werden.

## 8.3 Jugendkonflikte oder Hassverbrechen?

Eine Reihe von Studien zweifelte an, dass im Falle der rechten Gewalt eine dezidiert ideologisch untermauerte Motivation vorliege. Marneros identifizierte ein homonomes psychologisch-kognitives Korrelat als gemeinsamen Nenner von Täter und Tat, der weitgehend unabhängig von Rasse, Nationalität oder Religionszugehörigkeit des Opfers sei (Marneros 2003, S. 75). Schmid und Storni (2008, S. 17) fassten in einer Viktimisierungsuntersuchung übereinstimmend zusammen:

> Die Erkenntnisse der quantitativen Analyse machen deutlich, dass rechtsextreme Gewalt im jugendsubkulturellen Freizeitbereich angesiedelt ist und häufig zwischen unterschiedlichen Gruppierungen ausgetragen wird. Inwiefern dabei die Ideologie der Ungleichwertigkeit ausschlaggebend ist, ist schwierig zu beurteilen. [...] Die reine Lust an der Gewalt, übertriebenes Männlichkeitsgebaren in der Gruppe sowie der kollektive Gruppendruck spielten eine wichtige Rolle.

Die meisten Opfer seien nämlich einem Cluster der cliquenbezogenen, delinquenten und rauschorientierten Jugendlichen zuzuordnen, die einen ausschweifenden und risikohaften Freizeitstil mit Partys, Alkohol- und Drogenkonsum pflegten.

Der Jugendkonflikthypothese zufolge stellt rechte und fremdenfeindliche Gewalt eine Spielart der allgemeinen Jugendgewaltkriminalität mit typischen Konfliktkonstellationen in ihren Milieus dar. Dieser Erklärung widerspricht die Hate-Crime-Hypothese, wonach Gewalt mit ideologischem Hintergrund begangen wird. Willems und Steigleder haben beide Annahmen auf der Basis der fremdenfeindlichen Gewalt im Land Nordrhein-Westfalen in den Jahren 2001 bis 2003 überprüft und sind zu dem Schluss gelangt, dass das fremdenfeindliche Gewaltgeschehen durch stark asymmetrische Konfliktsituationen gekennzeichnet sei. Hier stünden gewalterfahrene, hoch mit Delinquenz belastete männliche Tätergruppen einzelnen Personen mit geringer Gewaltkompetenz gegenüber. Die zentrale Ursache für die analysierten Gewalttaten liege demnach

> in den meisten Fällen nicht in einem Interessenskonflikt zwischen Gruppen, einer persönlichen Konfliktsituation oder in einer vorausgehenden Provokation durch die Opfer begründet, sondern allein in dem Willen der Aggressoren, ihre Macht, ihre Ablehnung und ihren Hass gegenüber meist anonymen Personen zu demonstrieren, sofern sie von ihnen bestimmten gesellschaftlichen, politischen oder ethnischen ‚Feindgruppen' zugeordnet werden können (Willems und Steigleder 2003; Willems 2003).

Damit bestätigten die Forscher eine in der angelsächsischen Literatur weit verbreitete Erkenntnis: Für die Definition der Hassverbrechen seien objektive Indikatoren des Opferwerdens, d. h. die Opferidentität, ausschlaggebend (Schneider 2006, S. 37). Somit ist es in der Gewaltforschung eher zielführend, die ideologisch motivierte Opferstruktur bzw. -auswahl hervorzuheben und zu analysieren, anstatt nach einem geschlossenen politischen Weltbild der rechts motivierten Täter zu suchen. Aus der Hassverbrechenforschung ist ebenfalls bekannt, dass geplante, orchestrierte Aktionen nur ca. drei Prozent der Fälle ausmachen. Als Charakteristikum und Besonderheit der Hassverbrechen gelten „Schädigungen des symbolischen Status, der Identität und des So-Seins der Opfer, die als Hasssymbole, Feinde, entpersonalisierte ‚gesichtslose' Hassobjekte verstanden werden" (ebd.). Aus diesem Grund definiert Mark S. Hamm die amerikanischen Skinheads als „Terrorist Youth Subculture". In Deutschland finden strengere Terrorismuskriterien Anwendung. Nichtsdestotrotz ist der vorhandenen wissenschaftlichen Systematik der Hassverbrechen mehr Gehör zu schenken.

# 9 Bilanz

Obwohl die deutsche Rechtsextremismusforschung auf eine lange Tradition zurückblickt, muss an dieser Stelle festgehalten werden: Analysen der *rechten* Gewalt betrieben überwiegend Ursachenforschung und erklärten „schlechte Ereignisse" oft mit „sozialpathologischen" Faktoren. Die Frage, wann Einstellungen zu Gewalt führen sowie unter welchen Bedingungen Gewaltorientierungen zur fremdenfeindlichen Gewalt ausarten, wurde nur steifmütterlich behandelt. Darüber hinaus zeigten sie wenig Neigung, zwischen verschiedenen Erscheinungsformen „der" Gewalt (fremdenfeindliche, Konfrontationsgewalt u. a.) zu differenzieren. Dies lag unter anderem darin begründet, dass die „mikroskopische", dichte Beschreibung des Gewaltgeschehens als Konfiguration von Täter, Opfer und Dritte sowie die Auseinandersetzung mit der intrinsischen Motivation der Gewaltanwendung nur in wenigen Fällen erfolg(t)en. Viele deutsche Gewaltstudien waren und sind zudem in erster Linie Täteranalysen und betrachten die sozialen Kontexte der Gewalt kaum.[1] Indem sie die Eskalationsdynamiken ungenügend berücksichtigen, blende(te)n sie relevante Konfliktkonstellationen im oben beschriebenen Sinne aus. Umso erstaunlicher erscheint vor diesem Hintergrund die These, rechte Gewalt sei Ausdruck der Rivalitäten, die zwischen Jugendgruppen ausgetragen werden. Auf der anderen Seite sind auch Ergebnisse jener Untersuchungen vergleichend heranzuziehen, denen zufolge im Bereich der fremdenfeindlichen Gewalt größtenteils asymmetrische Konstellationen zwischen Tätern und Opfern vorzufinden seien. Gilt der Befund auch für andere Themenfelder?

[1]Frindte und Neumann (2002) und Wahl (2003) gehen allerdings auf die Täter-Opfer-Konstellationen sowie Tatsituationen ein.


M. Logvinov, *Rechtsextreme Gewalt*, essentials,
DOI 10.1007/978-3-658-17151-3_9

Einzelne Faktoren bzw. Ursachen der rechten Gewalt wurden im ätiologischen Paradigma nicht selten monokausal bewertet, wobei Äquifinalität (unterschiedliche Ausgangsbedingungen führen zur gleichen Entwicklung) und Multifinalität (gleiche Risikokonstellationen haben unterschiedliche Folgen) selten Berücksichtigung fanden. Kennzeichnend ist in diesem Zusammenhang, dass die Ursachenforschung keine Antwort auf die Frage zu finden vermochte, warum „normale" Adoleszenzkonflikte „abweichende" Lösungen rechter Couleur nach sich ziehen. Die Bedeutung der subkulturellen Vergemeinschaftung[2] sowie Gruppen- und Gewaltdynamiken im Zusammenhang mit situativen Einflüssen wurden im ätiologischen Paradigma ebenfalls nur selten (detailliert) erforscht (Möller und Schuhmacher 2007). Dies gilt auch für Multiproblemmilieus, obwohl die Transmissionswirkung der Risikofaktoren einen äußerst voraussetzungsvollen Prozess darstellt.[3]

[2]Willems et al. (1993, S. 253) betonten, dass nicht die Individualisierung der entscheidende soziostrukturelle Faktor für fremdenfeindliche Gewalt sei, sondern „die Existenz eines ausdifferenzierten Systems jugendlicher Gruppen und Subkulturen, in denen sich Gewaltbereitschaften und Gewaltmotive immer neu erzeugen und verstärken".

[3]„Neben *kausal wirksamen Risikofaktoren* existieren sogenannte *Risikomarker,* welche zwar gemeinsam oder zeitlich vor einem Problemverhalten auftreten, jedoch für dieses selbst nicht ursächlich sind (korrelativer Zusammenhang). Von kausal wirksamen Risikofaktoren dagegen geht ein direkter risikoerhöhender Effekt aus. Bei genauerer Betrachtung lässt sich die Entfernung eines Risikofaktors in der Kausalkette auf einem Kontinuum beschreiben. Distale Risikofaktoren zeigen eher schwache direkte Zusammenhänge mit dem Problemverhalten, sie können jedoch über Drittvariablen das Individuum in seiner Entwicklung beeinträchtigen. So kann beispielsweise familiäre Armut dazu führen, dass die Umwelt, in welcher ein Kind aufwächst, über wenig entwicklungsanregende Aspekte verfügt (z. B. bestimmte Spielsachen, Ausflüge, Musikunterricht). Proximale Risikofaktoren dagegen beeinflussen das Problemverhalten unmittelbar. Inkonsistente Erziehungspraktiken der Eltern z. B. erschweren auf direktem Wege das Erlernen von Regeln und Normen. [...] Weiterhin können Risikofaktoren *statisch* oder *dynamisch* sein. Statische Faktoren bezeichnen unveränderliche Merkmale (z. B. neurobiologische Schädigungen), während variable Risikofaktoren Veränderungen im Entwicklungsverlauf unterliegen (z. B. delinquente Peers). Problemverhalten kann durch Risikofaktoren sowohl *initiiert* als auch *stabilisiert* werden" (Riesner et al. 2012, S. 13).

# Was Sie aus diesem *essential* mitnehmen können

- Nach einer vergleichsweise langen „Stabilisierungsphase“ stieg die Zahl der rechts motivierten Gewaltdelikte 2015 im Zusammenhang mit der Flüchtlingskrise markant an.
- Angesichts der weiten Verbreitung des Kampfes als Denkfigur und Deutungsmuster erscheint es wenig überraschend. Zugleich entstand infolge der unvorbereiteten Einwanderungsschübe eine angespannte und nur rudimentär politisch flankierte Situation, in der die „Kämpfer gegen Toleranz und Integration“ sich in der Handlungsplicht sahen.
- Trotz der mannigfachen methodischen Ansätze dominieren in Deutschland die umstrittene Desintegrationstheorie und die Konzeption der Gruppenbezogenen Menschenfeindlichkeit die Forschungslandschaft. Die monokausalen Zuschreibungen dieser Konzeptionen gehen allerdings in vielen Fällen an den Ursachen rechter Gewalt vorbei.
- Noch weniger hat die deutsche Rechtsextremismusforschung die Eskalationsdynamiken in Augenschein genommen, sodass in vielen Fällen unklar blieb, ob die postulierten Ursachen für konkrete Gewalteskalationen und -situationen aussagekräftig genug waren.
- Die These, rechte und fremdenfeindliche Gewalt sei eine Spielart der allgemeinen Jugendgewaltkriminalität mit typischen Konfliktkonstellationen, gehört auf den Prüfstand.
- Noch weniger weiß man über die Opfer rechter Gewalt. Denn viktimologische Studien sind hierzulande eher Mangelware.



M. Logvinov, *Rechtsextreme Gewalt*, essentials,
DOI 10.1007/978-3-658-17151-3

# Literatur


Adorno, Theodor W. 1973. *Studien zum autoritären Charakter.* Frankfurt a. M.: Suhrkamp.

Albrecht, Günter. 2002. Soziologische Erklärungsansätze individueller Gewalt und ihre empirische Bewährung. In *Internationales Handbuch der Gewaltforschung*, Hrsg. Wilhelm Heitmeyer und John Hagan, 763–818. Wiesbaden: VS Verlag.

Backes, Uwe. 2013. Extremismus und politisch motivierte Gewalt im vereinten Deutschland. In *Handbuch Politische Gewalt: Formen – Ursachen – Legitimation – Begrenzung*, Hrsg. Birgit Enzmann, 363–396. Wiesbaden: Springer Fachmedien.

Baier, Dirk. 2005. Abweichendes Verhalten im Jugendalter. Ein empirischer Vergleich verschiedener Erklärungsansätze. *Zeitschrift für Staats- und Europawissenschaften* 25 (4): 381–398.

Baier, Dirk, und Christian Pfeiffer. 2008. Regionale Unterschiede im Rechtsextremismus Jugendlicher. *Zeitschrift für Jugendkriminalrecht und Jugendhilfe* 3: 135–145.

Bjørgo, Tore. 2002. Gewalt gegen ethnische und religiöse Minderheiten. In *Internationales Handbuch der Gewaltforschung*, Hrsg. Wilhelm Heitmeyer und John Hagan, 981–999. Wiesbaden: VS Verlag.

Boenke, Klaus, Daniel Fuß, und John Hagan Hrsg. 2002. *Jugendgewalt und Rechtsextremismus – Soziologische und psychologische Analysen in internationaler Perspektive.* Weinheim: Juventa.

Böllinger, Lorenz. 2006. Die Entwicklung zu terroristischem Handeln als psychosozialer Prozess. In *Terrorismus und Extremismus – der Zukunft auf der Spur*, Hrsg. Uwe E. Kemmesies, 59–70. Köln: Luchterhand.

Bornewasser, Manfred. 1994. Fremdenfeindlichkeit – Ursachen und Veränderungsmöglichkeiten. In *Psychologie und multikulturelle Gesellschaft*, Hrsg. A. Thomas, 94–97. Göttingen: Hogrefe.

Busch, Christoph. 2013. Die NSU-Morde – ein neuer Typ rechtsextremistischer Gewalt. *Totalitarismus und Demokratie* 10 (2): 211–236.

Collins, Randall. 2011. *Dynamik der Gewalt. Eine mikrosoziologische Theorie*. Hamburg: Hamburger Edition.

De Boor, Wolfgang. 1978. Terrorismus: Der „Wahn“ der Gesunden. In *Ursachen des Terrorismus in der Bundesrepublik Deutschland*, Hrsg. Hans-Dieter Schwind. Berlin: De Gruyter.




M. Logvinov, *Rechtsextreme Gewalt,* essentials,
DOI 10.1007/978-3-658-17151-3

Eatwell, Roger. 2003. Ten Theories of the Extreme Right. In *Right-Wing extremism in the twenty-first century*, Hrsg. P. Merkl und L. Weinberg, 45–70. London: Frank Cass.

Eckert, Roland. 2012. *Die Dynamik der Radikalisierung. Über Konfliktregulierung, Demokratie und die Logik der Gewalt*. Weinheim: Beltz Juventa.

Esser, Hartmut. 1996. Die Definition der Situation. *Kölner Zeitschrift für Soziologie und Sozialpsychologie* 48 (1): 1–34.

Friedrich, Walter. 1992. Über Ursachen der Ausländerfeindlichkeit und rechtsextremer Verhaltensweisen in den neuen Bundesländern. In *Ausländerfeindlichkeit und rechtsextreme Orientierungen bei der ostdeutschen Jugend*, Hrsg. Friedrich Ebert Stiftung. Leipzig: Büro Leipzig.

Frindte, Wolfgang. 1998. Rechtsextreme Gewalt – sozialpsychologische Erklärung und Befunde. In *Aggression und Gewalt. Phänomene, Ursachen und Interventionen*, Hrsg. Hans W. Bierhoff und Ulrich Wagner, 165–205. Stuttgart: Kohlhammer.

Frindte, Wolfgang, und Jörg Neumann Hrsg. 2002. *Fremdenfeindliche Gewalttäter. Biografien und Tatverläufe*. Wiesbaden: Springer.

Frindte, Wolfgang, et al. 2016. Ein systematisierender Überblick über Entwicklungslinien der Rechtsextremismusforschung von 1990 bis 2013. In *Rechtsextremismus und „Nationalsozialistischer Untergrund". Interdisziplinäre Debatten, Befunde und Bilanzen*, Hrsg. Wolfgang Frindte, Daniel Geschke, Nicole Haußecker, und Franziska Schmidtke. Wiesbaden: Springer Fachmedien.

Fritzsche, K. Peter. 2001. Gewalt zwischen Frust und Lust. Erklärungsansätze der Sozialwissenschaften und Chancen für die politische Bildung. In *Jugend, Rechtsextremismus und Gewalt. Analysen und Argumente*, Hrsg. Christoph Butterwege und Georg Lohmann, 37–49. Opladen: VS Verlag.

Graser, Peter, und Karl-Heinz Fittkau. 2008. Die Gewalt ist rechts: Jugendliche und heranwachsende Tötungsdelinquenten in Brandenburg und der Einfluss rechtsextremistischen politischen Gedankengutes. *Kriminalistik* 1: 32–39.

Groebel, Jo, und Hubert Feger. 1982. Analyse von Struktur terroristischer Gruppierungen. In *Gruppenprozesse, Analysen zum Terrorismus*, Hrsg. Wanda von Baeyer-Katte, Dieter Claessens, Hubert Feger, und Friedhelm Neidhardt, Bd. 3, 394–433, Opladen.

Heitmeyer, Wilhelm. 1993. Gesellschaftliche Desintegration als Ursachen von fremdenfeindlicher Gewalt und politischer Paralysierung. *Aus Politik und Zeitgeschichte* 2–3: 3–13.

Heitmeyer, Wilhelm. 2002. Rechtsextremistische Gewalt. In *Internationales Handbuch der Gewaltforschung*, Hrsg. Wilhelm Heitmeyer und John Hagan, 501–546. Wiesbaden: VS Verlag.

Heitmeyer, Wilhelm. 2003. Gruppenbezogene Menschenfeindlichkeit. Die theoretische Konzeption und erste empirische Ergebnisse. In *Deutsche Zustände, Folge 2*, Hrsg. Wilhelm Heitmeyer, 15–31. Frankfurt a. M.

Heitmeyer, Wilhelm, et al. 1992. *Die Bielefelder Rechtsextremismus-Studie: Erste Langzeituntersuchung zur politischen Sozialisation männlicher Jugendlicher*. Weinheim: Beltz Juventa.

Hennig, Eike. 1982. Neonazistische Militanz und Rechtsextremismus unter Jugendlichen. *Aus Politik und Zeitgeschichte, B* 23: 23–37.

Hennig, Eike. 1983. „Wert habe ich nur als Kämpfer": Rechtsextremistische Militanz und neonazistischer Terror. *Friedensanalysen* 17: 89–122.

Karstedt-Henke, Susanne. 1980. Theorien zur Erklärung terroristischer Bewegungen. In *Politik der inneren Sicherheit*, Hrsg. Erhard Blankenburg, 169–237. Frankfurt a. M.: Suhrkamp.

Kohlstruck, Michael. 2005. Rechtsextremistische Milieus. In *Radikalisierungsprozesse und extremistische Milieus*, Hrsg. Bundesamt für Verfassungsschutz, 4–12. Köln.

Kroneberg, Clemens. 2005. Die Definition der Situation und die variable Rationalität der Akteure. Ein allgemeines Modell des Handelns. *Zeitschrift für Soziologie* 34 (5): 344–363.

Krüger, Christine. 2008. *Zusammenhänge und Wechselwirkungen zwischen allgemeiner Gewaltbereitschaft und rechtsextremen Einstellungen. Eine kriminologische Studie zum Phänomen jugendlicher rechter Gewaltstraftäter*. Mönchengladbach: Forum Verlag.

Lösel, Friedrich, und Thomas Bliesener. 2003. *Aggression und Delinquenz unter Jugendlichen. Untersuchungen von kognitiven und sozialen Bedingungen*. München: Neuwied.

Marneros, Andreas. 2002. *Hitlers Urenkel. Rechtsradikale Gewalttäter – Erfahrungen eines wahldeutschen Gerichtsgutachters*. Bern: Fischer.

Marneros, Andreas, Bettina Steil, und Anja Galvao. 2003. Der soziobiografische Hintergrund rechtsextremistischer Gewalttäter. *Monatsschrift für Kriminologie* 5 (86): 364–372.

Möller, Kurt, und Nils Schuhmacher. 2007. *Rechte Glatzen. Rechtsextreme Orientierungs- und Szenezusammenhänge, Verbleibs- und Ausstiegsprozesse von Skinheads*. Wiesbaden: Springer.

Müller, Joachim. 1997. *Täterprofile. Hintergründe rechtsextremistisch motivierter Gewalt*. Wiesbaden: Springer.

Münch, Anna Verena. 2012. Gewalt als sinnstiftende soziale Praxis. Binnenperspektiven gewaltaktiver Jugendlicher im Rahmen einer ethnografischen Untersuchung. *Zeitschrift für Jugendkriminalrecht und Jugendhilfe* 1: 67–70.

Nedelmann, Birgitta. 1997. Gewaltsoziologie am Scheideweg. Die Auseinandersetzungen in der gegenwärtigen und Wege der künftigen Gewaltforschung. In *Soziologie der Gewalt*, Hrsg. Trutz von Trotha, 59–85. Göttingen: Westdeutscher verlag.

Oepke, Maren. 2005. *Rechtsextremismus unter ost- und westdeutschen Jugendlichen. Einflüsse von gesellschaftlichem Wandel, Familie, Freunden und Schule*. Opladen: Verlag Barbara Budrich.

Ohlemacher, Thomas. 1999. „Wechselwirkungen nicht ausgeschlossen“: Medien, Bevölkerungsmeinung und fremdenfeindliche Straftaten 1991–1997. In *Rechteextremismus und Fremdenfeindlichkeit. Bestandsaufnahme und Interventionsstrategien*, Hrsg. Frieder Dünkel und Bernd Geng, 53–68. Mönchengladbach: Forum Verlag.

Pfahl-Traughber, Armin. 1999. *Rechtsextremismus in der Bundesrepublik*. München: Beck.

Pfahl-Traughber, Armin. 2004. Ursachen rechtsextremistisch motivierter Gewalt. Kritische Prüfung von Erklärungsansätzen anhand der wissenschaftlichen Forschung. *Kriminalistik* 58 (1): 38–43.

Rabert, Bernhard. 1995. *Links- und Rechtsterrorismus in der Bundesrepublik Deutschland von 1970 bis heute*. München: Bernard & Graefe.

Reichardt, Sven. 2002. *Faschistische Kampfbünde. Gewalt und Gemeinschaft im italienischen Squadrismus und in der deutschen SA*. Köln: Böhlau.

Remschmidt, Helmut. 2012. *Tötungs- und Gewaltdelikte junger Menschen. Ursachen, Begutachtung, Prognose*. Heidelberg: Springer.

Riesner, L., Jarausch, J., Schmitz, A., Glaubitz, C., und Bliesener, T. 2012. *Die biografische Entwicklung junger Mehrfach- und Intensivtäter in der Stadt Neumünster.* Abschlussbericht zum Forschungsprojekt, Kiel.

Rommelspacher, Birgit. 2006. *„Der Hass hat und geeint". Junge Rechtsextreme und ihr Ausstieg aus der Szene*. Frankfurt a. M.: Campus.

Schmeck, Klaus, und Fritz Poustka. 2000. Biologische Grundlagen von impulsiv-aggressivem Verhalten. *Kindheit und Entwicklung* 9 (1): 3–13.

Schmid, Martin, und Marco Storni. 2008. Konfliktkonstellationen und rechtsextreme Gewalt – eine empirische Untersuchung von Viktimisierungsprozessen junger Erwachsener. *Zeitschrift für Kriminologie* 1: 9–25.

Schmidtchen, Gerhard. 1981. Terroristische Karrieren. In *Lebenslaufanalysen, Analysen zum Terrorismus*, Bd. 2, Hrsg. Herbert Jäger, Gerhard Schmidtchen, und Lieselotte Süllwold, 14–79. Opladen: VS Verlag.

Schneider, Hans-Joachim. 2006. Hass-Gewalt-Delinquenz junger Menschen: Theoretische Grundlagen und empirische Forschungsergebnisse. In *Hasskriminalität – Vorurteilskriminalität. Bd. 1: Endbericht der Arbeitsgruppe*, Hrsg. Bundesministerium der Justiz, 43–82. Berlin.

Schreiber, Anett. 1994. Psychische Bewältigung existenzieller Bedrohung von Studenten in Ostdeutschland, Leipzig.

Schröder, Klaus. 2004. *Rechtsextremismus und Jugendgewalt in Deutschland: Ein Ost-West-Vergleich*, München.

Süllwold, Lieselotte. 1981. Stationen in der Entwicklung von Terroristen. In *Lebenslaufanalysen, Analysen zum Terrorismus*, Bd. 2, Hrsg. Herbert Jäger, Gerd Schmidtchen, und Liselotte Süllwold, 80–117. Opladen: Opladen.

Sutterlüty, Ferdinand. 2003. *Gewaltkarrieren. Jugendliche im Kreislauf von Gewalt und Missachtung*. Frankfurt a.M.: Campus.

Trotha, Trutz von. 1997. Zur Soziologie der Gewalt. In *Soziologie der Gewalt*, Hrsg. Trutz von Trotha, 59–85. Göttingen: VS Verlag.

Wahl, Klaus, Hrsg. 2003. *Skinheads, Neonazis, Mitläufer. Täterstudien und Prävention.* Opladen: Springer.

Willems, Helmut. 2003. Täter-Opfer-Konstellationen und Interaktionen im Bereich fremdenfeindlicher, rechtsextremistischer und antisemitischer Gewaltdelikte. Abschlussbericht, Trier.

Willems, Helmut, und Sandra Steigleder. 2003. Jugendkonflikte oder hate crime? Täter-Opfer-Konstellationen bei fremdenfeindlicher Gewalt. *Journal für Konflikt- und Gewaltforschung* 5 (1): 5–27.

Willems, Helmut, et al. 1993. *Fremdenfeindliche Gewalt: Einstellungen, Täter, Konflikteskalation*. Opladen: Leske + Budrich.

Willems, Helmut, Heitmeyer, Wilhelm, Würtz, Stefanie, und Eckert, Roland. 1993. Fremdenfeindliche Gewalt: Eine Analyse von Täterstrukturen und Eskalationsprozessen. Forschungsbericht für das Bundesministerium für Frauen und Jugend, Bonn.

Ziercke, Jörg. 2006. Lagebild extremistischer Kriminalität in Deutschland. In *Extremistische Kriminalität: Kriminologie und Prävention*, Hrsg. Rudolf Egg, 61–106. Wiesbaden: Hogrefe.